小さな会社を強くする会計力

山下明宏

GS
幻冬舎新書
496

JN192952

はじめに

『テキトー税理士が会社を潰す』を上梓したのは、二〇〇九年のことでした。当時私は、これからの税理士は、中小企業の存続と成長のために、税務の支援だけでなく、会計指導力を発揮しなければならないと感じていたからです。おかげさまで、多くの中小企業経営者がお読みくださり、共感をいただくことができました。

そこから九年という歳月が経ちました。〇八年のリーマン・ショック、一一年の東日本大震災を経て、国が中小企業の経営を政策面から支援する体制は、大幅に充実してきました。そのひとつに、税理士が「経営革新等支援機関」として経営助言の担い手となる制度があります。私も積極的にその活動を行い、多くの企業がめざましい経営改善を遂げるお手伝いをしてきました。

また、フィンテック（金融技術）の波は会計システムにも及び、中小企業であっても、大企業と同じレベルの会計システムを簡単に導入でき、会計を武器に経営を考えられるようになりました。

中小企業を取り巻くこのような時代状況の変化を察知し、利用できるものをいち早く導入していく企業と、そうでない企業との間には、大きな差がついています。そのことを、経営者のみなさんにお伝えしたい――そう思って執筆したのが本書です。

中小企業の経営者の中には、まだ、「会計のことは税理士に丸投げ」「払う税金が少なければそれでいい」という方が多くいます。

ですが、人とモノとお金の動きがかつてないスピードで変化しているいま、そういった姿勢のままでは、会社が生き残っていくことはできません。

税金の額だけ見ていた人は税引後の利益を見るように、売上げだけ見ていた人はP／L（損益計算書）を見るように、P／Lだけ見ていた人はB／S（貸借対照表）も意識するように、経営者のみなさんには、ぜひ目線を変えていただきたいのです。

会計というものに目を向けることで、経営力は格段に変わってきます。質の高い決算を年々積み上げることで、会社は強くなっていきます。ヒット商品や腕利き営業マン以上に、いま、中小企業の経営者に必要なのは「会計力」なのです。

本書は、理論書ではなく、座学で書かれた書でもありません。一税理士が、中小企業を経営する社長さんと二人三脚で実践してきた、いわば経験学から書かれた書です。本書に書かれていることを、ぜひ素直に実践してみていただきたいと思います。小さなことの実践でも、会社は確実に変わることをお約束します。

経営者はもちろん、従業員も家族も、その取引先も、皆が安心して暮らせるように支える中小企業――そのような企業が増えれば、地域は安定し、持続可能な社会を作りだすことができます。それを可能にするのが、経営者の真なる会計力なのです。

小さな会社を強くする会計力／目次

第二章 黒字を続けるカギは「B／S」にあり 53

編集協力 岡田仁志
図版・DTP 美創

序章

税金を払うのは損なのか

赤字決算にして法人税をゼロにするのは「賢い」やり方か

「お金を使わないと税金で持っていかれるから、今夜は僕に払わせてよ」

個人事業主や中小企業の経営者が、そうやって友だちに食事やお酒などをご馳走することがよくあります。奢《おご》る相手に気を遣わせないためにそう言うケースもあるでしょうが、大半は本音。宛名に社名が書き込まれた領収書を満足そうに持って帰ります。

食事やお酒ばかりではありません。社員でもないのに、台湾への社員旅行に連れていってもらった——そんな話も聞いたことがあります。こうなると、相手への気遣いという問題ではなく、完全な税金対策でしょう。

いずれにしろ、奢ってもらうほうは、あまり引け目を感じません。むしろ、ちょっと人の役に立ったような気分にさえなるので、「いずれ何かでお返しをしなければ」とも思わない。税金を取られるぐらいなら、飲み食いや旅行で楽しむことにお金を使ったほうが得だから、相手は何も損をしていないと考えるのです。

つまり、**税金を払うのは「損」だと誰もが思っている**。だから、節税はできるならするに越したことはない。それが「賢いやり方」だと思っている人が多いでしょう。利益を出して素直に法人税を払う経営者がいれば、「もったいない!」と思うばかりか、「やり方が下手だな」と見下した態度を取る人もいます。

しかし実のところ、奢るほうも奢られるほうも、心のどこかに一片の罪悪感を抱えているに違いありません。

どちらも、それが利益を生むために必要な経費ではないことはわかっています。従業員に食事を振る舞ったり、旅行に連れていったりするのなら、福利厚生の一環と見ることもできるでしょう。しかし仕事に関係のない友だちにご馳走するのは、完全な私的享楽。それが会社の利益と無関係なのは明らかです。

利益を生むどころか、逆に生まれた利益を減らすことで税金から逃れようとしているのですから、少なくとも、胸を張って大声で言えるようなことではありません。どちらかというと、「賢い」というより、「狡賢《ずるがしこ》い」やり方と言ったほうがいいでしょう。したがって、そこにはある種の共犯意識のようなものが芽生えるわけです。

とはいえ、税務署がそれを必要経費として認めさえすれば、これは違法行為ではありません。法人税は利益に対してかかりますから、どんなに売上げ額が多くても、赤字決算ならば、税金はゼロです。

ただし厳密な話をするなら、法人税が完全にゼロになることはありません。地方税(法人住民税)は「ショバ代」のようなものですから、黒字でも赤字でも一律に発生します。でも、資本金一〇〇〇万円以下、従業員五〇人以下の中小企業の場合、これはどの自治体でも数万円程度にすぎません(東京都の場合は七万円)。「税金を払うのは損」だと思う経営者は、その法人住民税だけで済ませたいから、事業で生じた利益をどんどん使って赤字決算にしたいのです。

税理士の「税」は節税の「税」?

しかし、それを違法な「脱税」ではなく、合法的な「節税」にするのは、経営者だけではできません。お金を使うのを手伝ってくれる友だちとは別に、もうひとり、専門的な知識や技術を持つ「共犯者」が必要です。

税務署に文句をつけられないよう、お金の使い方をアドバイスし、帳簿上で経費をうまく処理して、赤字決算書を作成してくれる専門家。それが、世間一般における「税理士」のイメージにほかなりません。

おそらく、中小企業の経営者の多くは、**税理士の「税」は節税の「税」**だと思っているでしょう。「何が経費として認められるか」といった税務署の判断基準や、税そのものの仕組みなどを熟知しているので、税理士に頼めばできるかぎり利益を圧縮して、払う税金を少なくしてくれる。経営者の八割から九割は、そのために税理士を雇っています。

これはいわば、民事訴訟を起こされた人が、弁護士に「できるだけ賠償金の支払い額を少なくしてほしい」と期待するのと同じようなもの。裁判で勝てるのが「腕のいい弁護士」であるのと同じように、税務署との「勝負」に勝って税金を安くしてくれるのが「腕のいい税理士」だと思われているのです。

でも、本当にそうでしょうか。

黒字の会社をわざわざ赤字にするのは、賠償金の額を低く抑えることと同じではありません。賠償金が安く済めば間違いなく「得」ですが、法人税を払わずに済んだからといって、それが会社や経営者自身にとって「得」だとはかぎらないからです。

たしかに、「法人税がゼロ」という事実だけを見れば、得をしたような気分にはなるでしょう。何もしなければ何十万円ものまとまったお金を税務署に持っていかれるところを、税理士のおかげで地方税の七万円だけで済めば、とりあえずは「儲かった」ような気がします。

しかし、決算を赤字にするために必要のない出費をしたのであれば、**会社のお金が減った**という点で、税金を払ったのと変わりません。むしろ、赤字決算にするために使った金額のほうが、節約できた税金より多いでしょう。

たとえば五〇万円の利益があった場合、それにかかる法人税はおよそ一五万円です。その一五万円をゼロにするには、五〇万円をすべて使い切って利益をゼロにしなければなりません。

一五万円をケチって五〇万円を飲食や買い物や旅行に浪費するのが、果たして「得」なのかどうか。よく考えてみたほうがいいでしょう。

いずれにしろ、その赤字決算に加担した税理士がやったのは、お金の使い途を変えただけのこと。税金として国庫に納めさせる代わりに、飲み食いや買い物などでお金を社外に流出させただけですから、会社には何も得などさせていないのです。それを「得した」と感じるのは、単に気分的な話でしかありません。

たとえば会社員の場合、あらかじめ源泉徴収で給料から税金が引かれているので、それについては（嬉しくはないでしょうが）諦めがつきます。生活費が余ったからといって、「今月中に使い切ろう」とは思わないでしょう。翌月に繰り越すなり、貯金に回すなりして、蓄えておこうとするはずです。

ところが法人税の場合（個人事業主の所得税もそうですが）、収入を手にした後で持っていかれるので、気持ちの上ではひどく「損」をしたように感じてしまいます。それが嫌だから、赤字決算にしてでも税金を払いたくない。でも、給料の余りを使い切ってしまう家庭の将来が不安なのと同じで、これは**会社の未来を危うくする**のです。

利益を内部留保に回さなければ会社は強くならない

会社が今後も毎年同じように利益を出し続けられるなら、一年間の利益を使い果たして赤字決算にするのも悪くはないでしょう。次の年は次の年で、あらためて稼げばいいだけの話です。

しかし会社の経営は、そう簡単なものではありません。

自分たちが同じように働いて今年も来年も再来年も同じように利益が出るならば、誰もそんなに苦労はしない。時代や環境の変化に大きく左右されるのが、売上げというものです。同じ商品やサービスを同じように提供していても、必ずしも売上げが安定するとはかぎりません。

実際、時代が変われば、売れ行きも変わります。世の中には流行《はや》り廃《すた》りがありますから、去年は売れたものが今年は売れない、ということは少しもめずらしくありません。いままでは通用していた経営手法が、ふと気がついたら時代遅れになっていることもあります。また、景気の変動によって売上げが落ちることもあるでしょう。

とくに規模の小さい中小企業のビジネスは、社会のちょっとした変化でも大きく揺らぎます。たとえば飲食店なら、近所の会社や学校などが移転しただけで常連客をごっそり失ってしまう。売上げが思ったよりも少なくなれば、毎月のテナント料や人件費を支払うことも苦しくなります。

落ちた売上げを回復させるには、新たな商品開発などを行って立て直しを図らなければなりませんが、資金がなければそんな余裕も持てません。

だとすれば、会社の経営を長期的に安定させ、**成長させるために必要なのは「貯金」**です。儲かったときにその利益を内部留保に回しておけば、いざというときに慌てることはありません。

本当は利益があるにもかかわらず、税金を惜しんで赤字決算にしている会社は、そういう将来的なリスクへの備えを怠っています。要するに、「アリとキリギリス」のキリギリスのようなもの。税金対策のために気前よくご馳走しても、得をするのは奢られるほうだけです。長い目で見れば、ご馳走している経営者は自分で自分の首を絞めているようなものだと言わざるを得ません。

企業の内部留保については、「利益を貯め込むばかりで使わないから景気が良くならない」という批判もあります。でも、これは大企業の問題であって、本書の主役である中小企業にはあまり関係がありません。

本来、大企業は利益を先行投資に回して事業を拡大します。いまの事業で儲かったら、次の可能性のために土地や生産設備などに投資していかなければ、会社は大きくなりません。ところが、いまはその投資がなかなかできない。昔と違って、いまの時代は「次」に何が売れるかが不透明ですし、売れ筋が変化するサイクルも早いからです。

こういう時代は、新しい設備投資をしても、すぐに無駄になってしまうかもしれません。だから多くの大企業が投資に消極的になり、結果的に内部留保が増えてしまっているのです。

これは大企業自身にとっても、あまり良いことではありません。大企業の多くは、儲けをガメツク貯め込んでいるわけではなく、先行投資ができないことに忸怩《じくじ》たる思いを抱えながら、やむを得ず内部留保を増やしているのだと思います。

でも中小企業の場合、それとは事情が違います。利益を内部留保に回さず、社外流出させて赤字経営を続けていたのでは、会社の足腰が強くなりません。法人税の支払いを嫌がらず、**しっかりと黒字を出して自己資本を厚くしていく**のが、潰れにくい強い会社を作り上げる道なのです。

税理士は会社の「ホームドクター」

そして本来、私たち税理士は、そういう強い会社を作るための伴走者として存在します。決算のときだけ頼りにする「節税のアドバイザー」だと思っている中小企業経営者には意外に感じられるかもしれませんが、昔から税理士は「**企業のホームドクター**」のようなものだと考えられてきました。

かかりつけの医者は、日頃から健康診断などを通じて患者の体調を管理し、必要なアドバイスや治療を行います。それと同様、税理士もクライアントの経営状態を管理するために、日頃から「定期健診」を行わなければなりません。少なくとも月に一度はクライアントに足を運んで、監査を行うのです。

その「**月次巡回監査**」を通じて何か問題や異変などを見つけたら、解決策を提示するのも税理士の役目。もちろん経営者自身が「体調」の変化を感じて、相談を持ちかけることもあるでしょう。その点も、かかりつけのホームドクターと同じです。

解決すべき問題は、税務にまつわるものだけではありません。経営計画の立て方から後継者探しのような人事にいたるまで、あらゆる問題について助言をします。

税理士の業務についてはのちほど別の章でもっと詳しくお話ししますが、いまの話を聞いただけでも、「自分の知っている税理士とは全然違う」と思った人が多いでしょう。これが本来の税理士の役割であることを知らない人がほとんどです。

多くの中小企業経営者は、税理士を「節税アドバイザー」としか思っていないので、経営に関する相談などまずしません。税理士に頼む仕事は、記帳代行と決算・税務申告だけ。そこで払う税金が少なくなれば、それだけで「この税理士さんにお願いしてよかった」と満足するのです。

そんなことになってしまう原因は、経営者側の無理解だけではありません。むしろ、本来のまともな業務を遂行しようとしない税理士たちの責任のほうが、はるかに大きいでしょう。

彼らの多くは、月次巡回監査などしていません。クライアントのところに姿を見せるのは年に一度だけというケースも多々あります。監査などせず、引き受ける仕事は記帳代行と決算・税務申告のみですから、経営の変調になど気づくはずもない。したがって経営助言のようなことはしません（やろうと思っても、それがまともにできるほどの力量はありません）。とんだ「ヤブ医者」です。

そういうヤブ医者のごとき同業者のことを、私は「**テキトー税理士**」と呼んでいます。本当は「同業者」と見なすのも抵抗を感じるのですが、テキトー税理士は税務の専門知識だけはあるので、まったくクライアントの役に立たないわけではありません。クライアントが「税金を払いたくない」と言えば、そのための知恵は授けます。

そして、赤字決算にするために利益を社外流出させてしまう。結果的には、会社の体力を奪って経営状態を悪化させるのです。

本来は黒字の会社をあえて赤字にするのですから、これはいわば健康な人をわざわざ病気にするようなもの。患者の病気を治せないのがヤブ医者だとするならば、テキトー税理士はある意味で「ヤブ医者以下」かもしれません。

あなたの会社が赤字で苦しむのは「テキトー税理士」のせい

ここまで利益の出ている会社の話ばかりしてきましたが、高度経済成長期の日本ならともかく、いまは税金対策をする余裕などない中小企業のほうが圧倒的に多いでしょう。恒常的な赤字を抱えていれば、なおさらテキトー税理士に頼るわけにはいきません。

およそ四五年前、一九七二年までの日本経済は、なんと全企業の七割が黒字という好調さでした。中小企業の社数のピークはおよそ三〇年前、バブル期を迎えようとしていた一九八六年。その時点で、日本の中小企業は約五三三万もありました。

しかし、世間がバブルに沸く一方、八〇年代後半から企業経営には翳《かげ》りが見え始めます。一九八五年のプラザ合意以降、円高や消費税導入（一九八九年）などの影響もあって、黒字企業の割合が五割程度にまで減少しました。

バブル崩壊以降の惨状は、いまさら言うまでもないでしょう。

二〇一七年四月には、いわゆる「アベノミクス景気」がバブル期を抜いて戦後三番目の長さになったと報じられましたが、日本人のほとんどは好景気の実感などありません。順調に増えているのは、それこそ大企業の内部留保だけ。中小企業の経営環境は悪化するばかりです。

八六年以降、中小企業の数は減少を続け、二〇一四年の時点で約三八〇万にまで減りました。世間ではベンチャー企業の起業がもてはやされているにもかかわらず、廃業率が開業率を上回っているのです。

生き残っている企業も、多くは文字どおり生き残っているだけの状態で、利益はあまり出ていません。四五年前には日本企業の七割が黒字だったのに、いまやその数字がすっかり逆転してしまい、全体の七割が赤字企業になっています。

こうした現状を改善するには、もちろん政治の力も必要でしょう。グローバル経済という巨大な渦の中にいる以上、政府には国内的な経済政策だけでなく、外交努力なども求められます。

とはいえ、そういう大きな力に期待しているだけでは、自分の会社を守ることはできません。たとえ世の中の経済環境が悪くても、自分の努力や工夫によって安定的に黒字を出し続けている中小企業はたくさんあります。

そこで重要な役割を果たすのが、私たち税理士にほかなりません。中小企業の経営状態は、身近なところで日常的に様子を見ている**税理士の手腕によって大きく変わります。**

その意味で、いま多くの中小企業が赤字に苦しんでいるのは、まともに仕事をしないテキトー税理士のせいでもあるでしょう。

いささか手前味噌にはなりますが、**私がお手伝いしている中小企業は七割が黒字**です。これは、私が特別に優秀な税理士だから、というわけではありません。税理士が本来やるべき仕事を実直にやり、経営者がそれを踏まえて真摯な努力や工夫や我慢を時間をかけて重ねていけば、赤字企業もやがて黒字に転じます。

では、会社を黒字体質に変え、どんな経済環境の中でも簡単には潰れない強さを身につけるには、具体的にどのような経営を行えばよいのか。また、そこで税理士が果たすべき役割は何なのか。

本書では実例をまじえながら、強靭な中小企業を作り上げるために必要な考え方や方法をお話ししていきたいと思います。

第一章 あなたの会社はなぜ黒字にならないのか

中小企業の「黒字化」にヒット商品は不要

会社が赤字になるのは、なぜなのでしょう。黒字体質の会社を作るために、中小企業の経営者は何をすればいいのでしょうか。

会社を作って儲けたいと思う人がまず考えるのは、「何を売ればいいのか」ということだと思います。

当たり前の話ですが、たくさんの人が買ってくれる商品やサービスを売らなければ、儲かりません。会社が赤字になるのは「売れないものを売っているからだ」というのが一般的な感想でしょう。

実際、名のある大企業の赤字がニュースになったとき、その原因として指摘されるのは、おもに事業そのものの不振です。

簡単に言えば、「売れると思ったものが売れなかった」から赤字になった。競争相手との価格競争に負けた、技術革新に遅れをとって商品が時代遅れになった、世の中の流行が変わった――等々、そうなる理由はいろいろありますが、結果的に売上げが予想を大きく下回れば、赤字になるのは当然です。

しかし、会社が赤字になる原因はそれだけではありません。とくに、私が税理士として関与する中小企業の赤字は、大企業の赤字とは事情がかなり異なります。

ひとくちに中小企業といってもその規模はさまざまですが、私のクライアントでいちばん多いのは、年間の売上げが一億円程度、従業員数は一〇人前後の会社。業種もいろいろですが、飲食店や美容院などのサービス業が多くなっています。

そういう中小企業では、ほとんどの場合、事業そのものの中身にはあまり問題がありません。

そもそも自分で会社を興す人たちは、みんな得意分野があるからこそ、社長としてその事業を始めています。レストランにしろ、美容院にしろ、自分の技術やサービスなどに自信があって始めていることなので、それなりに需要はあるのです。

大企業と違って、日本全国や世界という大きなマーケットを相手にしているわけではありませんから、**爆発力のある「ヒット商品」は必要ありません**。常に新しい商品の開発を迫られるわけでもないでしょう。得意な事業を地道にやっていれば、ある程度の売上げは見込めるのが中小企業です。

もちろん中小企業の中には、「こんなものを誰が買うんだろう」と首をひねるような商品を扱っている会社もないわけではありません。

でも、それを見事に売ってしまう社長もいます。その場合、社長の得意分野は商品やサービスの開発ではなく、「販売」や「営業」なのでしょう。よく言われるように、一流品は三流のセールスマンでも売れますが、三流品は一流のセールスマンでなければ売ることができません。

営業力以外の要素で、売れそうもないものが売れることもあります。たとえば、料理は不味《まず》いけど値段が安いから客が入る食堂。そういう店は、価格設定だけでなく、何度も通いたくなる居心地の良さが売りになっているのかもしれません。

黒字会社と赤字会社の差はコンテンツ力ではなく経営力

いずれにしろ、売り物自体に特筆すべきものがなくても、常に黒字を出している会社はたくさんあります。

逆に、よそでは手に入らない素晴らしい商品を扱っていても、黒字になるとはかぎりません。実際、その店でしか食べられないような美味《おい》しい料理を出しているのに、何年も赤字続きのレストランはあります。

ここで忘れてはいけないのは、「売上げが多い」と「黒字になる」は必ずしも同じではない、ということです。どんなに人気のあるヒット商品を扱っても、売上げ以上に経費がかかれば黒字にはなりません。

とくに中小企業の場合、赤字になるのは個々の商品やサービスの質のせいではなく、社長の経営手法に問題があるケースが大半です。

多くの場合、中小企業の社長は経営や会計の専門家ではありません。長くやっていくうちにプロの経営者になる人は大勢いますが、そもそもの得意分野は自分の扱う商品やサービス。会社経営については、素人同然の状態で始める人がほとんどでしょう。だからこそ、本来は「ホームドクター」である税理士の助けが必要なのです。

ところが、創業してすぐに税理士を雇う経営者はあまり多くありません。「テキトー税理士」に記帳代行と決算・税務申告だけを依頼し、ふだんの経営は自分なりのやり方でやっています。

それが、赤字を生むいちばんの原因にほかなりません。**黒字会社と赤字会社は、商売のコンテンツそのものではなく、財務経営力に差がある**のです。

ですから私たち税理士は、赤字で苦しむ中小企業に呼ばれたとき、その会社が「何をどう売っているか」を詳しく聞く必要はありません。決算書を見ただけで、黒字にするためにクリアすべき課題は何なのか、それを実現するために何年ぐらいかかるかわかります。

決算書から見えてくる赤字の要因にもいろいろありますが、いちばんわかりやすいのは人件費の問題でしょう。社長自らが、明らかに身の丈に合わない給料を取っているケースは少なくありません。

言うまでもないでしょうが、社長の報酬は（利益の処分という考え方もありますが）会社の利益ではなく、人件費というコストです。社長が高給取りになったからといって、会社が成長したことにはなりません。

ところが社長はその区別がつきにくいのか、往々にして自分の給料を高めに設定してしまいます。「おれは毎月五〇万円もらわないと生活できない」と自分の都合で役員報酬を決めるのですが、それを払うために年間でどれだけの売上げが必要になるのかは考えていません。

人手不足のときほど利益が上がるというジレンマ

従業員の給料についても同じです。

中小企業の経営者というと、利益を出すために安い賃金で人をコキ使うようなイメージが世間的にはありますが、じつは逆のパターンもめずらしくありません。大して働いていない人に多くの給料を支払っていたり、必要以上に人を雇ったりすることで赤字になっている会社もよくあるのです。

会社経営でいちばん大きなコストは人件費ですから、どれだけの人数を雇って、給料をいくら払うかは、黒字を出す上できわめて重要なポイントと言えるでしょう。

しかし、この判断は経営者にとっていちばん難しいところでもあります。

よく飲食店などで、従業員を増やして忙しくしていると、お客さんから「商売繁盛だね」と言われることがあります。たしかに、人を増やすほど忙しければ、売上げは増えているでしょう。

でも、人を多く使えば、利益はあまり上がりません。むしろ、人手が足りなくて、常連客から「このごろサービスが悪いね」と文句がつくような状態のほうが、いつもより利益が出ている。外見的な印象とは逆の現象が起こるわけです。

だからといって、人手不足の状態を放置するわけにもいきません。しばらくは常連さんも我慢して店に来てくれるでしょうが、サービスの劣化がひどくなれば愛想を尽かされてしまうでしょう。

そこで人を増やせば利益は減りますし、次に売上げがダウンしても簡単には辞めさせられないというリスクがあります。とくに最近は、高度経済成長期並みの人手不足と言われ、アルバイトの時給も上がっています。このような中で人件費と利益のバランスを取るのは、容易なことではありません。

重要な作業をほとんど機械がやってくれるような業種であれば、このような人件費の問題はあまり起こらないでしょう。

しかし現在の日本、とくに東京のような都市部は、圧倒的にサービス業が多くなっています。二〇二〇年の東京オリンピック・パラリンピック招致を契機に、国を挙げていわゆる「観光立国」を目指していることもあって、今後はますます人力に頼るビジネスが増えていくだろうと思います。

社会保険料を負担すると人件費は一・二倍に

そこで多くの中小企業にとって問題になってくるのは、社会保険の負担でしょう。語弊をおそれずに言えば、中小企業には基本的に「ブラック」な面があります。もちろん、異常な残業の連続で過労死に追い込むような本格的なブラック企業は、大企業か中小企業かを問わず、許されません。しかし、そこまでブラックでないとしても、一般的に中小企業は、大企業のような労働組合や厚生施設はないところが多いですし、従業員数が一〇人未満なら就業規則も不要です。

社会保険も、昔はどちらかというと加入しないのが当たり前でした。ひとりで会社を興して社会保険事務所に加入を申し込みに行くと、「本当に保険料を払えるんですか?」

などと疑われて、断られることが多かったのです。

社会保険事務所にとって大事なのは、加入者を増やすことではなく、保険料の徴収率を上げることだったのでしょう。だから、できたばかりで保険料を払えそうもない会社を加入させて「分母」を大きくするのは避けたい。「ちゃんと保険料を払えるようになってから来てくれ」というのが本音だったのだと思います。

その時代は、中小企業に就職する人たちも社会保険の有無を気にしていませんでした。大事なのは、給料の手取り額。社会保険完備の会社で安い給料をもらうより、社会保険がなくても手取りの多い会社のほうが魅力的だったのでしょう。

経営者としても、いつ辞めていくかわからない従業員のために社会保険料を負担するのは抵抗があります。

飲食店にしろ美容院にしろ、若い従業員が仕事を覚えて、ようやく使い物になるレベルまで育ったと思ったところで独立してしまう……というケースは少なくありません。社会保険に加入して会社が保険料を負担すると、それだけで人件費がおよそ一・二倍に膨らんでしまうので、できれば払わずに済ませたいところです。

しかし、すでに時代は変わりました。

いまは、会社を設立した時点ですぐに社会保険に加入しないと、当局からお叱りを受けます。また、働く側の意識も変わりました。安定志向が高まっているので、**社会保険がないという理由で、中小企業が敬遠される**こともあります。ただでさえ、いまは多くの中小企業が人手不足で困っています。

とはいえ、何年も社会保険未加入だった会社を、途中から社会保険料を負担する仕組みに変えるのは簡単ではありません。すでに、経費にそれを含めない形でビジネスモデルができあがっているからです。

人件費が急に一・二倍になれば、これまでのビジネスモデルは根底から崩れるでしょう。従業員数を減らすとか、商品を値上げするとか、何らかの手を打たなければ商売が成り立ちません。

いずれも、会社にとっては大きなダメージになります。そのため、社会保険に加入しなければいけないのはわかっていながら、それをズルズルと先延ばしにしている会社は少なくありません。

「払うものは払う」という覚悟を

社会保険で人件費が上がってしまうことを「気の毒だ」と思う人もいるでしょう。

しかし前にもお話ししたとおり、経営環境は時代によって変わります。たしかに気の毒な面はありますが、そもそも社会保険の負担を抜きにして築いたビジネスモデル自体が甘かったと言わざるを得ません。

商売で利益を出そうと思えば、「できれば払いたくないコスト」はいろいろあります。社会保険だけではありません。

それこそ法人税もそのひとつです。払えば儲けが減るのですから、払わずに済むなら誰だって払いたくはないでしょう。

しかし、黒字が出ればイヤでも払わなければいけないのですから、それを払う前提でビジネスモデルを立てておく必要があります。利益が出てから「こんなに税金を払わなきゃいけないのか」と慌てるような経営者は、強い会社を育てることなどできません。

私たち税理士にかかるコストも、「できれば払いたくないコスト」のひとつでしょう。その役割を「節税アドバイザー」だと誤解している人が多いせいもありますが、「かかりつけのホームドクター」としての税理士を雇うことを躊躇《ちゅうちょ》する経営者は少なくありません。とくに創業当初は余裕もあまりないので、「儲けが出るようになったらお願いしますよ」という話になりがちです。

でも、社会保険の加入がズルズルと先送りにされてしまうのを見ればわかるように、「余裕ができたら払う」はなかなか実現しません。法人税と同じで、利益が出た後で払うのは「もったいない」と思ってしまうのが人情です。

しかもそういう経営者は、法人税を払いたくないので、利益が出るとテキトー税理士に頼んで赤字決算にするでしょう。

それによって会社は体力を徐々に失ってゆき、やがて本当の赤字体質になってしまう。立て直しのためにまともな税理士を雇おうと思っても、それだけの余裕がない。きちんとした処方箋を出してもらえないので、ますます赤字体質は悪化していく――まさに悪循環です。

それを避けるには、たとえ余裕がなくても、創業当初からしっかりした税理士を雇って、経営状態を日常的にチェックさせなければいけません。社会保険にしろ、法人税にしろ、税理士にしろ、最初の段階で**「払うものは払う」と覚悟しておかなければ、経営を安定軌道に乗せることはできない**のです。それらの費用を含めて、一年間お金を借りずに経営できるだけの資金を集めてから会社を始めるべきでしょう。それが集められないようでは、そもそも会社を経営する才能がない。かなり厳しいことを言うようですが、会社経営にはそれぐらいの覚悟が必要なのです。

消費税率アップに合わせて給料を上げられるか

さらに言えば、「払うべきコスト」は創業の時点ですべて決まっているわけではありません。社会状況の変化によって、想定外のコストが発生することもあります。

たとえば、消費税の税率は過去に二度アップしました。一九九七年には三%から五%、二〇一四年には五%から八%。次は一〇%に上がる予定です。消費者はもちろん、商売をしている人々にとってもさまざまな影響があるでしょう。

消費税は仕入れと売上げの両方にかかるので、会社の利益計算には基本的に影響を与えません。形の上では事業者が納税しますが、それは消費者が負担した消費税を代わりに納税しているだけです。

したがって消費税率がアップしても会社のコストは基本的に変わらないのですが、ここで問題にしたいのは、従業員の給料です。

もちろん、消費税率のアップに合わせて給料を上げる義務は会社にはありません。でも、生活にかかる費用は増えてしまうのですから、従業員にとっては給料が下がったのと同じことでしょう。

ならば経営者としては、従業員の生活水準を保つために、消費税率アップに合わせて給料もアップしたいところです。**増税された月に、それと同じだけ給料を上げることができるか**どうか。

それができるのが強い会社であり、良い経営だと私は思います。

そういう変化に対応するには、やはり「蓄え」が必要でしょう。法人税を「払うべきコスト」として覚悟できず、テキトー税理士に赤字決算書を作成させているような経営者には、それができません。

利益は出ているのですから、その会社は実質的には「黒字会社」でしょう。でも、その利益を内部留保に回さずに使い切るのが長年の癖になっていると、経営者はいざというときに方向転換ができません。

蓄えもないので、当初はなかった新たな支払いが生じた場合は、それまで以上に働いて利益を増やそうとします。しかしそれにも限度があるので、最終的には商品やサービスの単価を上げるしかない。値上げしてもお客さんがついてきてくれるなら、それでもいいでしょう。

でも、現実は厳しいものです。売る側には「値上げしても買ってもらえる」という自信があっても、客足が遠のくのを止めるのは容易ではありません。

ですから、変化に対応できる強い会社になるためには、やはり経営者に「払うものは払う」という覚悟と、利益を使わずに貯めておく我慢が求められます。しかし経営者が「自分なり」のスタイルでやっていると、なかなかそうはなりません。

たとえば病気の予防でも、医師の健康診断を受けずに「自分なりの健康法」を信じている人はいるでしょう。中には、「これがおれの健康の素だ」などと言って、お酒も煙草もやり放題の人もいます。

実際それでも元気だったりするので、ますます自分のやり方に自信を持つのですが、自分でも気づかないうちに体のあちこちにガタが来ているので、やがて病気になる。それで慌てて医者にかかると、「どうしていままで健診を受けなかったんですか！」と叱られるわけです。

経営もそれと同じで、「自分なりのやり方」でも利益が出ることは当然あると思います。でも、利益が出ているからといって、会社に「体力」がついているとはかぎりません。長期的に成長できるだけの地力をつけるには、「ホームドクター」である税理士の定期的なチェックや助言などが不可欠なのです。

会社には黒字を出す社会的責任がある

いわゆる「サラリーマン社長」が順繰りに経営トップの座に就く大企業と違って、中小企業のトップはほとんどが創業社長もしくはその二代目や三代目。「オーナー社長」が小さな集団を動かすのですから、大企業とは経営者の存在感がまったく異なります。

取締役会だけでも何十人にもなるような大企業では、社長が自分の個性を発揮できる範囲はあまり大きくないでしょう。しかし中小企業の場合は、良くも悪くも**社長の個性がそのまま会社の個性になりがち**です。少なくとも「何をどう売るか」ということについては、ほぼ社長の持ち味でしか勝負できません。

だから経営も「自分なりのやり方」になりやすいわけですが、それを避けるためには「会社には社会性がある」ということを社長に意識してほしいと私は思っています。何から何まで個人で完結する行動であれば、すべて「自分なりのやり方」でもいいでしょう。しかし会社を興して事業を始めた以上、それはさまざまな形で社会に影響を与えます。

企業が社会的な存在であることは、金融機関との関係を考えるだけでもわかるでしょう。誰かが個人事業主として何か事業を始めようとしても、銀行はなかなか融資をしてくれません。

しかし同じ人が法人を設立すれば、「会社を興してまでその事業をやりたいんですね」と評価して、それなりの額を貸してくれます。

そうやって社会的な信用が得られれば、同時に社会的な責任が生じることは言うまでもありません。利益を出さなければ、借りたお金を返すことができません。**会社を黒字にするのは、もはや自分のためだけではない**のです。

中小企業の中には、自己資本がほとんどなく、毎年のように赤字を出しながらも、銀行からの融資をくり返し受けることで続いている会社もあります。

借金だらけで利益も出ていないのに潰れないのは不思議ですが、その会社の事業計画を信用してお金を貸した以上、銀行も簡単に潰すわけにはいきません。倒産してしまうと貸したお金が返ってこないので、「来年こそは黒字に」という経営者の言葉を信じて、融資を続けるのです。

こうなると、お金を貸すほうも借りるほうも悲劇としか言いようがありません。借りたほうは、ひたすら金利の支払いのために働くような状態になってしまいます。もともと赤字なのですから、それで黒字に転じるのは至難の業。銀行のほうは、金利は入っても元本が返ってくる目処は立ちません。

最終的に倒産すれば、銀行がダメージを受けるのはもちろん、その会社の仕入れ先や従業員など、大勢の「被害者」が出ることになります。貸し付けが焦げ付けば、めぐりめぐって銀行の預金者である一般人にも迷惑がかかるでしょう。借金まみれの会社は、自分たちが苦しいだけでなく、社会を巻き込んでいるのです。

利益を八〇〇万円出せるまでは節税を考えない

したがって、企業が社会的な責任を果たすためには、**自己資本をできるだけ厚くする**必要があります。

自己資本については次の章で詳しくお話ししますが、それを厚くするためにも、また、会社が社会性を持つためにも、わざと利益を使い切って赤字決算にするような経営はやめなければいけません。黒字にしなければ自己資本は増えませんし、企業が法人税を納めるのは社会的な責任のひとつだからです。

「納税は企業の責任だ」などと言うと、きれいごとのように聞こえるかもしれません。しかし、そもそも会社が「法人」として認められ、一定の社会的信用を得て事業を行えるのは、社会全体で作り上げた公共のルールや仕組みがあるからです。

したがって、社会に受け入れられる存在にならなければ、会社としての責務を果たしたことにはならないでしょう。私が「社会性を持て」と言うのは、そういう意味です。その意味で、わざと赤字決算にして法人税を払わないような会社は、社会に受け入れられているとは言えません。公共の仕組みを利用して、個人的な利益だけを追求しているように思います。

また、いまベンチャー起業を志向する若い世代の中には、新しい事業を一発ヒットさせて株価を急騰させ、会社を売却することで大きな利得を手にしようと目論む人もいますが、私はこれも社会性があるとは思いません。公共の仕組みを使った博打のようなものです。そういう形でひとりの成功者が出れば、株式のマーケットで多大な損失を被る人もいるでしょう。私は税理士として、そういう会社に関与するつもりはありません。

税理士は、会社が長く安定的に黒字を出し続け、しっかりと税金を納めることで社会性を発揮できるようにサポートするのが本来の仕事です。だから私は、利益がある一定のラインを超えるまでは、クライアントに節税をすすめません。

現在の法律では、当期利益（所得金額）が八〇〇万円以下の場合、中小企業には通常よりも低い優遇税率が適用されます。利益がそれを超えると通常の税率になるので、八

〇〇万円まではある意味ですでに「節税」できていると考えることもできるでしょう。厳密に言えば、当期利益が四〇〇万円を超えると地方税の税率がやや上がるのですが、さほど大きなものではありません。

だから私は、利益が八〇〇万円に達するまでは、いっさい節税はせず、その優遇税率で納税することをすすめています。税率は、全体でおよそ三〇％。利益が三〇〇万円なら九〇万円程度、上限の八〇〇万円なら二四〇万円程度です。

小さな会社にとっては、決して少ない額ではないでしょう。「もったいない」と感じる気持ちもわからなくはありません。

しかし、節税せずに納税しても、利益の七割は残ります。それを内部留保に回して毎年積み上げていけば、会社は確実に強くなる。三割の税金を嫌がって使い切り、会社から体力を奪い去ってしまうほうが、よほど「もったいない」と私は思います。

優遇税率とはいえ、この**法人税をしっかりと納めたときに初めて、その会社は社会に受け入れられた**と言えるのではないでしょうか。

そこから先は税率も上がりますから、いくらか節税対策をしてもいいでしょう。ただしそれも、会社を強くする上で役立つ形の節税にすべきです（その具体策については後述します）。

しかし、七割の会社が赤字に喘《あえ》いでいる時代に、中小企業が年間八〇〇万円を超える利益を上げるのは、きわめて難しいことです。大半の経営者にとっては、まずは少しでも会社を黒字にすることが目標になります。

自分のビジネスによって、どのくらいの利益を残すことができるのか。そのベースの部分をしっかりとつかむ力こそが、「経営力」の基本だと私は考えます。

そのような経営力を身につけるためには、きちんと「健康診断」を受けることはもちろん、その「診断書」から問題点を正しく読み取ることが大切です。次の章では、企業の「診断書」である損益計算書（P／L）と貸借対照表（B／S）の見方をお話しすることにしましょう。

第二章

黒字を続けるカギは「B／S」にあり

P／Lしか見ない経営者の会社は強くならない

集めたお金を投資して、利益を出す。ごく簡単に言えば、それが企業活動です。もちろんその中身を見れば、経営者や従業員、取引先、商品、店舗……などのヒトやモノが介在していますが、全体的に見れば「お金で始まりお金で終わる」のが企業活動。したがって、その実態は数字を記した書類を見ればわかります。

それが、決算書にほかなりません。決算書はまさに会社そのものだと言っていいでしょう。会社の業績や財務状況は、決算書を見ればわかります。医者が検査結果の数値を見て診断を下すように、私たち税理士は決算書を見てクライアントの「健康状態」を把握するわけです。

ただし、ひとくちに決算書といっても、その中身はひとつではありません。正確には「財務諸表」と呼ばれ、その言葉どおり、複数の書類があります。日本の会計基準では、次の四つが財務諸表。これらのうちの「B／S」「P／L」「C／F」を「財務三表」と呼ぶこともあります。

・貸借対照表（B／S＝balance sheet）
一定時点における資産、負債、純資産の状態を表す。
・損益計算書（P／L＝profit and loss statement）
会計期間における収益と費用の状態を表す。
・キャッシュ・フロー計算書（C／F＝cash flow statement）
会計期間における現金の出入りを表す。
・株主資本等変動計算書（S／S＝statements of shareholders' equity）
貸借対照表の純資産の変動状況を表す。

さて、これらの財務諸表のうち、黒字体質の強い会社を作り上げるためにもっとも重要なのはどれでしょうか。
中小企業の経営者がいちばん気にするのは「P／L＝損益計算書」でしょう。そこには、会計年度内の売上高から費用を引いた金額が記載されています（図1）。つまり、P／

図1　損益計算書（P/L）

売上高
売上原価
売上総利益
販売費および一般管理費
営業利益
営業外収益
営業外費用
経常利益
特別利益
特別損失
税引き前当期利益
法人税など税金
当期純利益

Lを見れば「今年いくら儲かったのか」がわかる。もちろん赤字ならマイナスです。いずれにしろ、P／Lは一年間の成績表のようなものですから、経営者としては気にしないわけにはいかないでしょう。

しかし結論から言うと、**「P／Lしか見ない経営者」は自分の会社を強くすることができません。**

もちろんP／Lを無視してよいというわけではありませんが、それだけではダメ。たとえば、法人税を避けるために利益を使い切って赤字決算にする社長は、「P／Lしか見ない経営者」の典型です。

優れた経営者はB／Sで自己資本比率を把握する

では、何年も黒字を続ける強い中小企業の経営者は何を見るのか。

それは、「B／S＝貸借対照表」です。

先ほどの説明を見ればわかるように、P／Lが表しているのは「一定期間」の状態ですが、B／Sが表しているのは「一定時点」における会社の状態。つまり、P／Lはその一年間だけの成績表であるのに対して、B／Sには**創業時から積み重ねてきたものを含めた現時点での会社の姿**が表されているのです。

図2　貸借対照表（B/S）

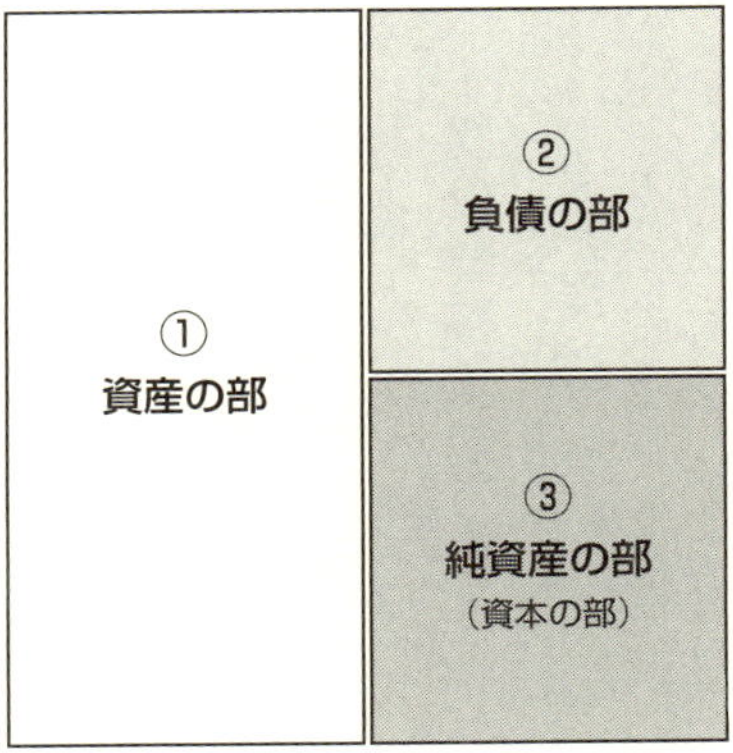

したがって、P／LはB／Sのほんの一部にすぎません。

ここで、ごく大まかに書いたB／Sの全体像を見てください（図2）。左半分は会社の「資産」、右上は「負債」、右下は「純資産」です。昔はこの純資産のことを「資本」と呼びました。本書で「資本」「自己資本」という言葉が出てきたときは、この純資産のことだと思ってください。

会社が一年間で上げた「当期利益」は、B／Sでは純資産に含まれます。ですからP／Lは、その「当期利益」の部分を虫眼鏡で拡大したようなもの。P／Lだけを見ても、会社の現状を総合的に見たことにはなりません。

プロ野球にたとえるなら、これは、一シーズンの打率だけを見ても選手の実力を比較できないのと同じことです。

一〇年間の通算打率が三割を超えている選手が、たまたま今シーズンは不調で二割七分程度に終わったからといって、たまたまデビューしたシーズンに三割を打ったルーキーより劣るという話にはならないでしょう。翌年の年俸は、前者のほうが高いはずです。会社の実力も、B／Sを見なければわかりません。

P／Lの数字は、決算が終わるとゼロになります。それだけを見ていると、毎年毎年、ゼロから商売を始めて「今年はいくら儲かるか」という感覚になるでしょう。それなら、今期の利益を使い切って税金を納めずに済ませたほうが「得」という話になるのも無理はありません。たしかに、「今期」はそのほうが得なのです。

しかし、会社は何年も継続的に事業を行います。損得は長い目で見るべきでしょう。

図3　自己資本比率を高める

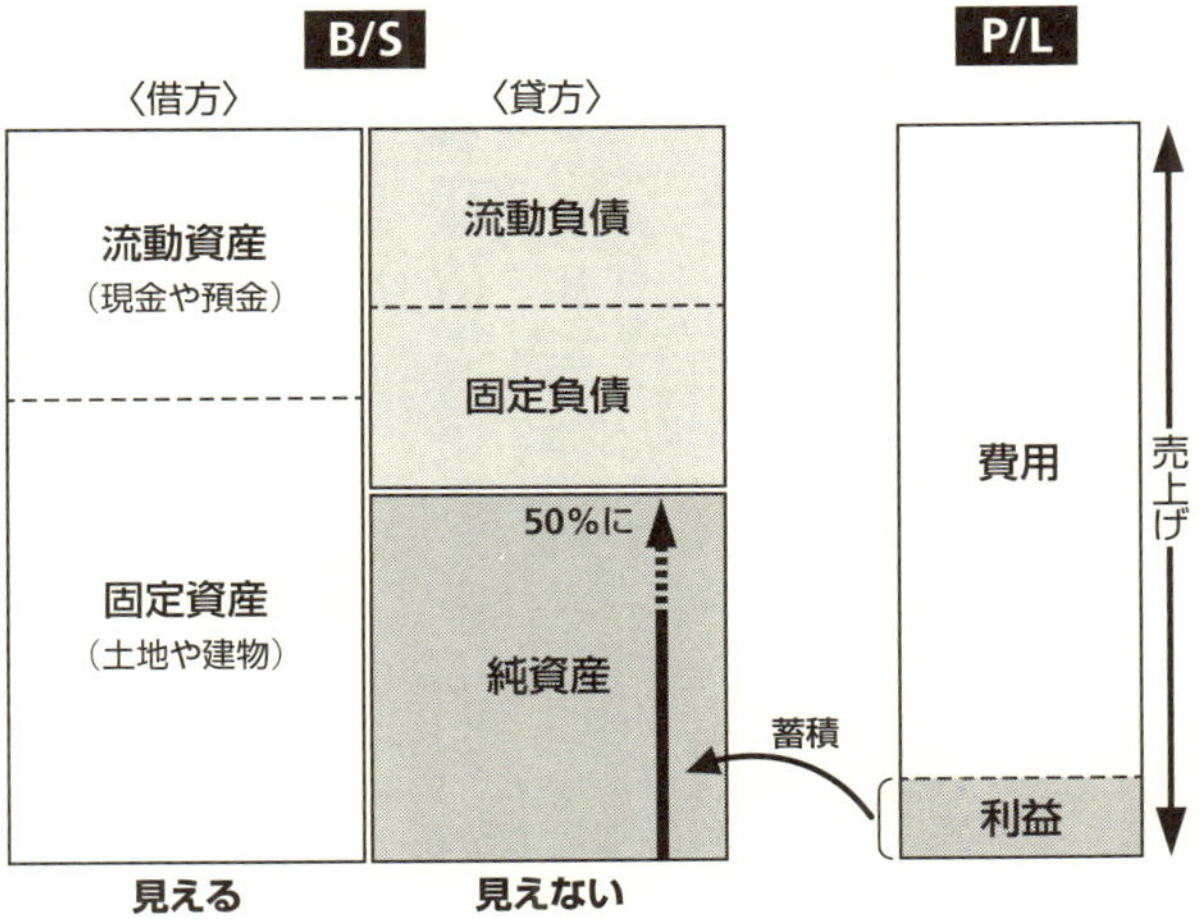

「当期利益」を使い切れば、それを含むB／Sの純資産（資本）は増えません。

ここで**重要なのは、資産全体に占める純資産の割合**です（図3）。

左側の資産の規模は、利益を使い切って赤字決算にしても大きくなることがあるでしょう。たとえば銀行から融資を受けて土地や建物や生産設備などの固定資産を手に入れれば、資産の合計は増えます。これは、いわば「目に見える資産」です。

では、見に見える資産の内実はどうなっているのか。その「見えない部分」を明らかにしてくれるのが、B／Sの右側です。

借金をして固定資産を購入したのであれば、当然、増えるのは上の「負債」のほう。赤字の会社は下の「純資産」が増えないので、資産全体に占める負債の割合がどんどん大きくなっていくでしょう。つまり「**自己資本比率**」が低くなっていくのです。

会社を潰さないためにまず自己資本比率五〇％を目指せ

そして、この**自己資本比率こそが、中小企業の「体力」**にほかなりません。これが低い会社は、前章で述べたような変化への対応がしにくく、潰れやすいのです。資産全体がどんなに大きくても、負債の多い会社は強くなりません。

大企業の場合、健全な自己資本比率のレベルは、業種によっても違います。

ちなみに日本でいちばん自己資本比率が高い業種は「原油・天然ガス鉱業」で、約七二％。それに対して、「銀行・信託業」は平均で約九％です。

銀行は顧客からの膨大な預金が借入金に算入されるので、自己資本比率が低いのは当然でしょう。「バーゼル３」という国際統一基準では、取引先が海外にもある銀行は八・

％、取引先が国内だけの銀行は四％が、自己資本比率の最低ラインとされています。

しかしこれは、あくまでも金融という特別な業種での話。ふつうの会社で自己資本比率が一〇％以下になれば、それは明らかに危険信号です。

ところがいまの中小企業は、八％前後という銀行並みの自己資本比率でやっている会社が少なくありません。資産の九割以上が負債ですから、まさに金利のために働いているような状態。基礎体力がないので、どこかで息切れすればすぐに倒れてしまうでしょう。

では、潰れにくい強い会社になるには、自己資本比率を何％まで高めればいいのか。

私がクライアントにとりあえずの目標として提示するのは、「五〇％以上」です。一〇％を切る会社もあるぐらいですから、「とりあえず」というには高いハードルのように感じられるかもしれません。

しかし、自己資本を厚くすればするほど、会社は「不死身の体」に近づいていきます。

実際、私のクライアントには自己資本比率九〇％の会社がありますが、そこの社長は「潰れる気がしない」とおっしゃっています。そのレベルになるには時間がかかるとしても、**安定した経営のためには、まずは自己資本比率五〇%を目指すべき**でしょう。

世の中には、自己資本比率二〇～三〇%程度で十分だというテキトー税理士も大勢います。でも、自己資本比率が五〇%を下回っているのでは、「自力」の経営とは言えません。「他力」に頼る経営でよしとするのか、「自力」で生きる経営を目指すのか。その境目が、自己資本比率五〇%なのです。

高度経済成長期の日本では、そこまで自己資本を厚くする必要はありませんでした。前述したとおり、一九七二年、つまりオイルショック前の日本では七割の会社が黒字でしたが、これは単に景気が良かったせいばかりではありません。国策として、体力のない中小企業も潰れないように保護する政策が実施されていたのです。

典型的なのは、いわゆる「護送船団方式」でしょう。もっとも速度の遅い船に合わせて船団が進んでいくように、ある業界でいちばん体力や競争力がない企業も落ちこぼれることがないように官庁がコントロールする行政手法です。とくに金融業界で顕著でしたが、それ以外の業界でも広く官庁が介入し、行政指導を行っていました。

また、「系列企業」をたくさん作ったのも、政府が主導した国策です。財閥系の大企業に小さな会社をぶら下げておけば、そう簡単には潰れません。

そうやって、昔の日本では力の弱い中小企業を国が保護していました。そうでなければ、七割もの会社が黒字になることはなかったでしょう。

しかし、現在の日本はそういう国ではありません。もはや経済政策で積極的に企業を支えることはできず、基本的には「自力」で生き残ることが求められています。その結果、黒字企業と赤字企業の割合はすっかり逆転してしまいました。自力で生き残るためには、自己資本比率を高めるしかありません。

B／Sは経営者の内面を映し出す鏡

ところが、国策で守られた時代が長かったせいなのかどうかはわかりませんが、いまだに自力で生き残る覚悟を持てない経営者はいます。行政に頼れなくなった彼らがアテにするのは、言うまでもなく金融機関からの融資です。

国の保護によって右肩上がりで成長していけた時代は、借金経営にもそれなりに積極的な意義があったでしょう。いや、むしろ高度経済成長期は借金をすることが正しい時代でした。インフレによって貨幣価値が下がり、モノの価値が上がるからです。

だから当時の企業はみんな最初に多額の銀行融資を受けて設備投資を行い、商品を大量生産して先に市場でのシェアを獲得しようとしました。

借金はインフレで目減りしますから、そうやって競争に勝てば楽に返済できます。借金をせず、コツコツと自己資本を蓄えてから設備投資をしたのでは、後手に回ってしまって競争に勝てません。

しかし、バブル崩壊後の日本は長らくデフレに苦しみ、いまも抜けきれずにいます。モノの価値が下がって貨幣価値が上がるので、借金をすると、時間が経てば経つほど返済が苦しくなります。

しかも、前にも述べたように、いまは大企業でも新規の設備投資をためらってしまうほどマーケットの先行きが見えません。その意味でも、**借金に頼る経営は時代に逆行しているのと言える**でしょう。いまは金利が低いのでお金を借りやすい環境ではありますが、その原則は変わりません。

借金が正しいとされたインフレの時代でも、お金を借りるのが嫌いな経営者はいました。当時から現在にいたるまで、そういう社長たちは無借金経営を続けています。

ただし、そのやり方をモデルにすれば誰にでも無借金経営ができるというものではありません。いまは時代にマッチしているとはいえ、これは決して楽なことではないのです。会社の業績には波がありますから、資金繰りが苦しいときは誰でも銀行に頼りたくなる。強い意志を持って、日頃から地道な努力を重ねられる経営者でなければ、無借金を貫くことはできないでしょう。

おこがましいことではありますが、私は中小企業の経営者のみなさんにそういう人間力を身につけてほしいと願っています。しかし、やはり、どうしても「楽をしたい」という気持ちが勝ってしまうのが人間の常。「借りたら損」のデフレ時代でも、自力で頑張ることのできない経営者はたくさんいます。

それでも、「やむを得ず借りてしまった」という自覚があるなら、まだ救いはあるでしょう。中には、「借金ができるのも実力のうちだ」などとうそぶいて、負債の大きさを誇る経営者もいます。

これでは、社会に受け入れられる会社にはなりません。

公共の仕組みを利用して、自分だけ楽に儲けられればよいと考えているのだとしたら、いつか社会の側からしっぺ返しを食うでしょう。長年、税理士としてさまざまな会社を見てきた私の経験から言わせてもらえば、そういう地に足の着かない経営が迎える未来は明るいものではありません。

個人でも、豪華なマンションに住み、高級な車を乗り回すなどして、傍目には豊かな生活を送っているように見えながら、じつは借金だらけというケースはよくあります。何でもかんでもローンで購入し、リボルビング払いを延々と続ける人もいる。収入も延々と同じようにあることを前提にしているのでしょうが、きわめて危ういライフスタイルです。事故や病気、勤め先の倒産やリストラなどで、収入はいつ途絶えるかわかりません。

企業もそれと同じです。

個人と違うのは、会社の場合、B／Sを見れば外からはわからない実態が見えるということ。**中小企業にとってのB／Sとは、価値観や社会性、ライフスタイル、人としての強さや弱さなど、経営者自身の内面を映し出す鏡**のようなものなのです。

自己資本を厚くするのは五年、一〇年のスパンで

ちょっとやそっとではビクともしない強い黒字会社への道は、経営者がそのB／Sという鏡にしっかりと向かい合うことから始まります。細かい数字はさておいて、まずは会社の自己資本比率を把握しなければいけません。

いままでP／Lしか見ていなかった経営者は、それさえも知らないでしょうが、B／Sの右下の純資産を左の資産合計で割れば、自己資本比率はすぐにわかります。一〇％かもしれませんし、三〇％かもしれません。自己資本がマイナス、つまり債務超過に陥っている会社もあるでしょう。

いずれにしても、それを五〇％まで引き上げるのが当面の目標です。もちろん、これは一年や二年でやれることではありません。**五年、一〇年という時間が必要**かもしれないのです。

しかし何年かかるにせよ、現在の自己資本比率と「五〇％」というゴールがわかっていれば、必ず中期的な経営計画を立てることができます。楽な道のりではありませんが、

明確なゴールに向かうまでの計画を立てることができれば、ある種の「夢」を具現化できるという確信を持って経営を行うことができるでしょう。

自己資本が厚くなっていけば、それにつれていろいろなことができるようになります。もともとは社長が自分自身のためだけに始めた事業だったかもしれませんが、余裕ができれば家族をもっと幸福にできるのはもちろん、従業員の給料も上げられるかもしれません。家族からも従業員からも敬意を持たれれば、社長自身の満足度も高まるでしょう。

さらに、もし出資してくれた株主さんがいれば、配当金を渡せるかもしれません。これまでは仕入れ値を値切ってばかりいたのが、向こうの言い値で買ってあげられるようになれば、取引先にも喜ばれるでしょう。

また、法人税をしっかり納めれば、地域社会や国の役に立っているという実感も得られるはずです。そうやって**社会性を高めながら、自分のやりたい事業を展開していくのが、本当の意味で「成功した経営者」**の姿ではないでしょうか。少なくとも私には、そういう信念があります。

これまで多くの中小企業には、そもそも中長期的な経営計画を立てるという習慣自体があまり根づいていませんでした。

従業員数が一〇人以下の飲食店などをイメージすれば、それも理解できなくはないでしょう。ほぼ社長の個人商店のようなものですから、「一〇年後にうちの会社はこうなる」といった計画性をなかなか持てません。計画性がないから、その場その場の損得だけで動いてしまう。法人税を嫌って、当期利益を平気で使い切ってしまうのも、将来に向けた計画がないからこそです。

ちなみに、そこそこの規模の企業でも、かつては計画書なしで銀行からお金を借りられる時代がありました。銀行の支店長と経営者がしょっちゅうゴルフでもして顔馴染みになっていれば、その個人的な信頼関係で融資を受けられたのです。

でも、いまはそういうわけにはいきません。

金融機関内部の管理が厳しくなったので、いくら親しい間柄でも「稟議が通らないので計画書を作ってください」と言われます。中小企業も、計画なしでは済まない時代になったと思ったほうがいいでしょう。

B／Sの「美しさ」と「醜さ」とは？

ただし私がここでお話ししている中期計画は、銀行からの融資を受けるためのものではありません。目的は金融機関に認められることではなく、自分の会社を強くし、経営者自身の夢を実現することです。

融資を受けるための計画は、借金というマイナスをゼロにしていくために金融機関に「やらされる」もの。それに対して自己資本比率を高める計画は、現状にどれだけプラスするかを自ら能動的に決めるものです。そういう**前向きな計画を立てるだけでも、経営者の意識はずいぶん変わる**のではないでしょうか。

自己資本比率五〇％という目標を達成するまでに何年かかるかは、それぞれの事情によります。スタート時点の自己資本比率が低いほど長い時間がかかってしまうでしょう。しかし、たとえば一〇年かかるとなると、経営者もそれだけ歳を取ります。いま五〇歳の経営者なら計画達成時に六〇歳ですからまだまだ元気でしょうが、いま七〇歳の経営者はもう少し早く達成したいだろうと思います。「自己資本比率五〇％」はあくまでも中期的な目標であって、経営者にとってはあくまでも通過点にすぎません。むしろ、そこから先が経営者としての充実期です。

ともあれ、何カ年計画なのかが決まれば、一年間にどれだけ自己資本を積み増せばよいのかがわかります。

B／Sの資産にはいろいろな項目がありますが、固定資産のような流動性の低いものが多いと、すぐには換金できないので、いざというときに使えません。そもそも自己資本を厚くするのは、「変化への機敏な対応」ができるようになるためです。変化への対応に必要なのはフリーキャッシュですから、資産の中でいちばん流動性の高い預貯金を増やすことで、自己資本比率を高めるべきでしょう。

だから私は、**八〇〇万円までは法人税を気にせず当期利益を出し、納税後に残った分を内部留保に回す**よう提案するのです。

これをやり始めると、経営者の意識は大きく変わります。計画どおりに利益を上げて自己資本が厚くなること自体が、楽しくてしょうがない。しかもフリーキャッシュを増やしているのですから、安心感もあります。税金を払うことは、もう苦になりません。

法人税を免れるためにフリーキャッシュを使い切ってしまうことのほうが、はるかに

「もったいない」という感覚になるのです。

また、B／Sを意識するようになると、未回収の売掛金に対する姿勢も変わります。売掛金は流動資産としてB／Sの資産（左側）に算入されますが、それがいくらたくさんあっても、自己資本のフリーキャッシュは増えません。

これは、預貯金で自己資本を厚くしたい経営者にとって、「美しくないB／S」ということになります。美しくないのは気持ちが悪いので、売掛金をいかに回収するかを以前よりも真剣に考えるようになるでしょう。

一見すると無味乾燥な数字が並んでいるだけのB／Sですが、自己資本比率という観点からその中身をよく見るようになると、そこに**「美しさ」や「醜さ」がある**ことが感じられるようになります。

B／Sは経営者自身を映し出す鏡ですから、できるだけ美しいものにしたくなるのが人情でしょう。自己資本比率五〇％という目標達成へのモチベーションを保つためにも、そういう感覚を持てるようになることが大事だと思います。

会社のためになる生きたお金の使い方とは?

ところで私は前に、「当期利益（所得金額）は八〇〇万円まで軽減税率が適用されるので、そこまでは節税を考える必要がない」というお話をしました。

しかし、やや細かい話をすれば、この数字はもう少し増やすことができます。中小機構の「中小企業倒産防止共済（経営セーフティ共済）」という積立制度を利用すると、実質的に一〇四〇万円まで（軽減税率のままで）利益を出せるようになるのです。

というのも、この倒産防止共済は月二〇万円（年間二四〇万円）まで積み立てが可能で、これは会社の純資産にカウントされますから自己資本は減りません。かつては上限が三五〇万円でしたが、東日本大震災以降は累計で八〇〇万円まで積み立てておけます。

解約した際は利益と見なされるので税金が発生しますが、これは、ほぼ預貯金と同じフリーキャッシュと考えていいでしょう。基本的には取引先が倒産したときの連鎖倒産を防ぐための制度ですが、経営環境が悪化したときや、何か新しい事業を始めたりするときなど、キャッシュが必要になったときの備えになるわけです。

この制度を使えば、**年間一〇四〇万円までは節税のことを考えずに利益を出す**ことができます。

もちろん、「できます」といっても、月平均九〇万円近くの利益を出すのは簡単なことではありません。仕事の効率化やコスト削減など、そのためにやらなければならないことはたくさんあるでしょう。

でも、これは中小企業の経営者にとって、頑張り甲斐のある目標だと思います。この数字をクリアできるようになると、会社も経営者自身も強くなる。そういう実例を、私はこれまでにたくさん見てきました。

たとえば、会社のオフィスのフロアをいきなり二倍に広げた社長がいます。それまでの家賃が一〇〇万円だったとすれば、急に二〇〇万円になるわけですから、ふつうの税理士なら「もったいないからやめてください」と止めるところでしょう。

でも、その社長の発想はこうです。

何とか毎年八〇〇万円の利益を積み上げて自己資本を厚くする経営はできるようになった。しかし、これを今後も長く維持していくには、社員のモチベーションを高め、事業そのものも大きくしていかなければならない——そういう未来を先取りして、目に見える形にするために、あえてオフィスの広さを倍にしたのです。

もちろん、家賃が倍になっても、年八〇〇万円の利益は出し続けなければいけません。これは相当な負荷ですが、それを可能にするためにも社員を増やして事業を拡大する必要があります。会社のポテンシャルは上がるでしょう。

もし経営環境が悪化して売上げが落ち込んだときには、またオフィスの広さを元に戻せばいい。それまで一〇〇万円×一二カ月＝一二〇〇万円を余計に使っていたのだから、逆に言えば年間一二〇〇万円まで粗利が下がっても対応できる、というわけです。

かなり大胆ではありますが、そういう形で「余力」を蓄えておくというのは面白いやり方だと思います。少なくとも、わざと利益を使い切って赤字決算にすることに比べれば、はるかに会社のためになる生きたお金の使い方だと言えるのではないでしょうか。

B／Sの仕組みがわかれば経営の幅が広がる

また、これも私のクライアントの話ですが、あえて銀行から借り入れをすることで自己資本を厚くしようとする経営者もいます。負債が増えれば自己資本比率は下がるので奇妙な話だと思われるでしょう。

たしかにこれは逆説的な発想なのですが、その経営者は、資金繰りに困ったから融資を受けたわけではありません。むしろ、純資産としての預金は十分にある。だから、その預金を担保に銀行がお金を貸してくれます。一〇〇〇万円の預金があれば、それを担保に一〇〇〇万円を借りて、キャッシュを二〇〇〇万円にできるわけです。

しかしその社長は、キャッシュには手をつけません。借りたお金は月々ちゃんと返済していきます。

返済期間が五年なら、五年後にはその一〇〇〇万円を含めた二〇〇〇万円が自己資本として残る。つまり、五年後の自己資本を先取りして積み上げておいて、それを現実のものにするために頑張って借金を返していくわけです。

結果的には、「五年間で一〇〇〇万円貯める」と決めて毎月積み立てていくのと変わりません。金利がかからない分、そのほうがお得です。しかし借り入れして手元に置いてしまったほうが、途中で挫けにくいでしょう。積み立てでは「今月は苦しいから」とサボれますが、借金の返済は待ったなしです。

もちろん、これはある程度まで自己資本が貯まって余裕のある状態でなければできないやり方でしょう。しかしB／Sの作り方を理解した経営者は、このような工夫もできるようになる。経営手法の幅が大きく広がるわけです。**金利の支払いを「もったいない」と思わず、むしろ経営力を鍛えてくれるコストとして考えられる**のが、強い会社を作る経営者なのです。

ただしこのように借金をする場合、あくまでも自己資本比率は五〇％以上をキープしなければいけません。

会社には支払手形や買掛金などの「流動負債」が必ずありますから、それを含めて負債が五〇％を下回るようにする必要があります。目安としては、**流動負債が二五％以内、長期の借入金が二五％以内ぐらいのバランス**にするのが無難でしょう。ざっくり、そう考えておいてください。

そういうB／Sの「型」がしっかりとできていれば、その二五％の範囲内の借入金で、たとえば社長専用車などを買ってもかまいません。あくまでも、これは八〇〇万円の利益が出せるようになった後のステップです。

先ほどの経営者は借入金をそのまま流動性の高い預金としてキープしたわけですが、車の場合はそれが固定資産となり、減価償却費の中で返済していくことになります。返済が終われば、（流動性は低いけれども）その固定資産は自己資本の一部になるのです。

車両の減価償却費は利益から差し引かれるので、節税にも役立つでしょう。ここまでの話で誤解されているかもしれませんが、私は節税をすべて否定しているわけではありません。軽減税率が適用される八〇〇万円までは節税を考えなくてよい、と言っているのです。利益が八〇〇万円を超えて税率が高くなる場合は、節税を考えていいでしょう。

ただし、利益を圧縮するために飲み食いや旅行で消費してしまったのでは、経営力の向上には直結しづらいと思います。つまり、自己資本比率のアップにはつながらない。

その点、車両は減価償却を終えても固定資産として残ります。高級車の中には、年数が経っても資産価値が減らず、買ったときとほぼ同じ値段で売れるものもあるでしょう。

そのとき、金融機関からの借入金ではなく、社長個人のポケットマネーで車を購入し、会社から社長に月々の返済をするというやり方もあります。すると、お金はすべて社長の手元に戻り、会社には資産価値のある車が残る。減価償却費で法人税を節約しながら、車の一部を税金で買ってもらったようなものです。

念のため言っておくと、現時点で赤字を抱え、自己資本比率が五〇％に達していない会社は、このようなことを考える必要はありません。まずは利益を出して、自己資本を少しずつでもいいから厚くすることを心がけるべきです。

しかし、そういう方針の経営を通じて**B／Sの仕組みがわかってくると、より会社を成長させるための工夫を凝らす余地が生じます。**P／Lだけを見ている経営者に、このようなアイデアは生まれません。

自己資本比率八三％を達成した飲食店

ここで、本書で提案している経営手法をもっと具体的に理解してもらうために、私が関わった会社の実例を二つ紹介することにしましょう。A社とB社、どちらも東京都内の飲食店です。

まず、A社の「三二期」と「三三期」のB／Sを比較してみましょう（図4）。三二期は前任の税理士が手がけた最後の決算で、私たちは三三期から関与しました。

と33期のB/S

33 期

(単位:円)

科目	決算額	構成比	科目	決算額	構成比
(資産の部)			**(負債の部)**		
Ⅰ 流動資産	(5,399,867)	(11.2)	**Ⅰ 流動負債**	(20,206,672)	(42.0)
現金及び預金	824,233	1.7	買掛金	126,000	0.3
売掛金	3,774,595	7.8	短期借入金	15,738,193	32.7
有価証券	540,000	1.1	未払費用	737,633	1.5
たな卸資産	188,671	0.4	未払法人税等	1,764,200	3.7
前払費用	63,000	0.1	未払消費税等	1,105,700	2.3
立替金	9,368	0.0	預り金	734,946	1.5
Ⅱ 固定資産	(42,688,464)	(88.8)	**Ⅱ 固定負債**	(11,865,000)	(24.7)
有形固定資産	(13,519,111)	(28.1)	長期借入金	11,865,000	24.7
建物付属設備	12,872,655	26.8			
車両運搬具	345,573	0.7			
工具、器具及び備品	300,883	0.6	**Ⅲ 引当金**	(0)	(0.0)
無形固定資産	(26,000)	(0.1)			
電話加入権	26,000	0.1			
			負債の部合計	**32,071,672**	**66.7**
投資その他資産	(29,143,353)	(60.6)	**(純資産の部)**		
出資金	20,000	0.0	**Ⅰ 株主資本**	(3,000,000)	(6.2)
保証金	26,000,000	54.1	資本金	3,000,000	6.2
保険積立金	1,821,975	3.8			
敷金	161,000	0.3	**Ⅱ 法定準備金**	(0)	(0.0)
長期前払費用	1,140,378	2.4			
			Ⅲ 剰余金	(13,016,659)	(27.1)
Ⅲ 繰延資産	(0)	(0.0)	別途積立金	110,000	0.2
			当期未処分利益	12,906,659	26.8
			(うち当期利益)	(3,822,954)	(7.9)
			純資産の部合計	**16,016,659**	**33.3**
資産の部合計	**48,088,331**	**100.0**	**負債・純資産の部合計**	**48,088,331**	**100.0**

図4　A社の32期

32 期

(単位:円)

科目	決算額	構成比	科目	決算額	構成比
(資産の部)			**(負債の部)**		
Ⅰ　流動資産	(6,041,843)	(12.1)	**Ⅰ　流動負債**	(20,151,511)	(40.3)
現金及び預金	1,169,665	2.3	買掛金	154,392	0.3
売掛金	2,887,128	5.8	短期借入金	16,656,498	33.3
有価証券	0	0.0	未払費用	1,513,328	3.0
たな卸資産	193,995	0.4	未払法人税等	0	0.0
前払費用	1,780,529	3.6	未払消費税等	946,200	1.9
立替金	10,526	0.0	預り金	881,093	1.8
Ⅱ　固定資産	(43,940,373)	(87.9)	**Ⅱ　固定負債**	(17,637,000)	(35.3)
有形固定資産	(16,501,098)	(33.0)	長期借入金	17,637,000	35.3
建物付属設備	15,855,489	31.7			
車両運搬具	507,448	1.0			
工具、器具及び備品	138,161	0.3	**Ⅲ　引当金**	(0)	(0.0)
無形固定資産	(26,000)	(0.1)			
電話加入権	26,000	0.1			
			負債の部合計	**37,788,511**	**75.6**
投資その他資産	(27,413,275)	(54.8)	**(純資産の部)**		
出資金	20,000	0.0	**Ⅰ　株主資本**	(3,000,000)	(6.0)
保証金	26,000,000	52.0	資本金	3,000,000	6.0
保険積立金	1,393,275	2.8			
敷金	0	0.0	**Ⅱ　法定準備金**	(0)	(0.0)
長期前払費用	0	0.0			
			Ⅲ　剰余金	(9,193,705)	(18.4)
Ⅲ　繰延資産	(0)	(0.0)	別途積立金	110,000	0.2
			当期未処分利益	9,083,705	18.2
			(うち当期利益)	(1,452,293)	(2.9)
			純資産の部合計	**12,193,705**	**24.4**
資産の部合計	**49,982,216**	**100.0**	**負債・純資産の部合計**	**49,982,216**	**100.0**

自己資本比率を見ると、三二期は二四・四％。かなり低い水準です。私たちは、これを五〇％まで上げるための中期計画を提案しました。その結果、とりあえず一年後の三三期は自己資本比率が三三・三％まで上がっています。

四分の一以下だった自己資本比率が三分の一まで増えた理由のひとつは、借金を返したこと。「長期借入金」を見ると、三二期は約一七六四万円あった借金が、三三期には約一一八七万円まで減っています。一気に六〇〇万円も返済したわけですが、それに見合うほど収入が増えたわけではありません。自己資本比率を上げるために「返せるものは返しましょう」と提案した結果です。

また、法人税もしっかり払ってもらいました。

三二期までの税理士は「節税アドバイザー」だったので、社長としてはちょっと意外に感じたかもしれません。ただ、それについて文句は言われませんでした。税金の支払いに不満を感じるのは、ほとんどの場合、そのための資金を用意していないからです。あらかじめ「これぐらい税金で出ていきますよ」と伝えて準備しておけば、それほど抵抗は感じません。

とはいえ、その社長も知り合いには「税理士を替えたら税金を払わされたよ」とボヤいたことがあったようです。やはり、経営者にとって大きな変化ではあるのでしょう。

そこで意識が切り替わったことで、A社の自己資本比率は徐々に上がっていきました。一四年後、四七期のB／Sを見てください（図5）。当初の目標の五〇％どころではありません。三二期には二四・四％だった自己資本比率が、八三・七％にもなっています。

この一四年間に、お店の営業スタイルに大きな変化はありませんでした。店舗数を二軒、三軒と増やしたわけでもありませんし、内装なども以前と同じです。集客のための新しい宣伝を始めたり、新しいメニューを開発して大ヒットしたわけでもありません。

それでも売上げが増え、利益を自己資本に回せるようになったのは、なぜなのか。これは、**B／Sを美しくしようと努力することで経営者の意識や人間性が変わった**から、としか言いようがありません。小手先の工夫によって売上げが伸びたわけではないのです。

図5　A社の47期B/S

（単位:円）

科目	決算額	構成比	科目	決算額	構成比
(資産の部)			**(負債の部)**		
Ⅰ　流動資産	(11,283,319)	(14.3)	**Ⅰ　流動負債**	(4,528,030)	(5.7)
現金及び預金	5,898,529	7.5	1年以内返済長期借入金	2,004,000	2.5
売掛金	4,555,450	5.8	未払費用	1,746,538	2.2
有価証券	540,000	0.7	未払法人税等	91,700	0.1
たな卸資産	315,700	0.4	未払消費税等	605,600	0.8
未収還付法人税等	0	0.0	預り金	80,192	0.1
立替金	972	0.0			
貸倒引当金	△ 27,332	0.0			
Ⅱ　固定資産	(67,624,614)	(85.7)	**Ⅱ　固定負債**	(8,307,544)	(10.5)
有形固定資産	(6,486,277)	(8.2)	長期借入金	8,223,964	10.4
建物	4,110,349	5.2	長期未払金	83,580	0.1
建物付属設備	0	0.0			
車両運搬具	1,947,038	2.5			
工具、器具及び備品	309,490	0.4			
リース資産	119,400	0.2			
無形固定資産	(26,000)	(0.0)	**負債の部合計**	**12,835,574**	**16.3**
電話加入権	26,000	0.0	**(純資産の部)**		
			Ⅰ　株主資本	(66,072,359)	(83.7)
投資その他資産	(61,112,337)	(77.4)	1.資本金	3,000,000	3.8
出資金	20,000	0.0			
保証金	29,500,000	37.4	2.資本剰余金	(0)	(0.0)
保険積立金	19,650,450	24.9			
長期前払費用	3,914,247	5.0			
倒産防止共済掛金	8,000,000	10.1	3.利益剰余金	(63,072,359)	(79.9)
リサイクル預託金	27,640	0.0	(1)その他利益剰余金	(63,072,359)	(79.9)
			別途積立金	110,000	0.1
Ⅲ　繰延資産	(0)	(0.0)	繰越利益剰余金	62,962,359	79.8
			Ⅱ　評価・換算差額等	(0)	(0.0)
			Ⅲ　新株予約権	(0)	(0.0)
			純資産の部合計	**66,072,359**	**83.7**
資産の部合計	**78,907,933**	**100.0**	**負債・純資産の部合計**	**78,907,933**	**100.0**

帳簿のつけ方が変わり、会社が成長する

ではなぜ、B／Sを美しくすることで意識が変わるのでしょう。ひとつは、自己資本を厚くすると精神的な安定が得られることが挙げられます。

自己資本比率が二五％を下回るような会社は、いわば吹けば飛ぶような状態なので、経営者はいつも心のどこかに不安を抱えているものです。そのため、思ったほど客が来ないと気持ちが焦り、イライラしてしまう。奥さんと厨房で口喧嘩をしたり、従業員を怒鳴りつけたりして、店の雰囲気は悪くなります。

さらに、借入金という「他力」で会社を支えているので、客が来ない理由を外部に求めたりもするでしょう。「今日は天気が悪いから客が来ない」とか「政府がロクなことをしないから景気が良くならない」などといった具合に、商売の調子が悪いのを他人のせいにしてしまうのです。店主の機嫌が悪いところに、客は集まりません。

しかし自己資本比率が上がってくると、経営者は「自力」で会社を築き上げているという実感を持ちます。資金的な余裕もあるので、雨が降って客の入りが悪いぐらいでいちいちイライラするようなことはありません。逆に、「どうせ暇なんだから従業員を休

ませてやろうか」という気持ちになったりもします。

小規模の飲食店では、そういう雰囲気の変化が売上げに与える影響はバカにできません。従業員も気持ちにゆとりを持って働けるので、笑顔が多くなり、自然と客に与える印象も良くなります。最近はSNSを活用した宣伝活動に熱心なお店もありますが、それで一時的に客寄せに成功したとしても、店内の印象が悪ければリピーターにはなってくれないでしょう。

また、美しいB／Sを作りたいと思うと、日頃の帳簿のつけ方も変わってきます。

詳しくは次の章でお話ししますが、本来、会計帳簿を社内で作成するよう指導するのも税理士の仕事のうち。テキトー税理士はそれも「テキトー」にしかやりませんが、私はこの飲食店でもきちんと指導しました。「山下さんに出会っていちばん良かったのは、会計を整理整頓してもらえたことです。これは、経営を整理してもらえたというのと同じ意味です」

関与してから何年か経ったころに、社長はそう言ってくださいました。B／Sのことを意識しながら**自分で毎日きちんと帳簿をつけることで、お金の使い方が変わった**のでしょう。原価や売上げを日々チェックしていれば、自然と無駄な仕入れはしなくなり、コストが下がっていきます。

ちなみにその社長は、次第に領収書などの貼り方にもこだわるようになりました。本人に言わせると、「これは料理の盛りつけと同じ。これ自体が修業みたいなものですよ」とのこと。きれいなB／Sを作ることが楽しくなると、帳簿の見た目の美しさまで気にするようになるわけです。こういう意識の変化をもたらすことこそが、本当の意味での経営改革だろうと私は思います。

税理士の経営助言は、経営コンサルタントのような派手なものではありません。たとえば飲食店の「プロデュース」を専門にしているコンサルタントなら、店舗の改装やメディア露出など世間的なブームになるような仕掛けをして、「行列のできる店」に生まれ変わらせたりもするでしょう。店が「ヒット」すれば、売上げは急増するかもしれません。

でも、そういう成功の多くは一時的なもので終わるものです。**大きな儲けは出ても、会社そのものが成長するわけではありません。**

一方、私たち税理士の経営助言は地味ですが、経営者はそれによって「商売の面白さ」に気づくことができます。商売の面白さとは、単に「お客さんがたくさん入って儲かったから嬉しい」というものではありません。会社が自力で成長し、社会に受け入れられることで、経営者自身も豊かな人間性を身につけていく。中小企業の経営には、そういう面白さがあるのです。

創業から五年で資金を使い果たした飲食店

ともあれ、A社は十数年間で自己資本比率が二四・四%から八三・七%にまで高まりましたが、どの会社でもこのようにうまくいくわけではありません。次に紹介するB社は、残念ながら立て直しに失敗したケースです。

私が税理士として関与したのは、B社の創業から五年目のことでした。

前期のB/Sを見てまず驚いたのは、中身の数字ではなく、書面の体裁です（図6）。左側に資産、右側に負債と純資産を並べるのがB/Sの基本的な体裁ですが、この会社のB/Sは左側に資産と負債、右側に純資産が記載されていました。いかに「テキト

図6　B社の5期B/S

（単位:円）

科目	決算額	科目	決算額
（資産の部）		**（純資産の部）**	
Ⅰ　流動資産		**Ⅰ　株主資本**	
現金及び預金	325,943	資本金	5,000,000
売掛金	652,300	**利益剰余金**	
原材料	137,620	その他利益剰余金	△ 39,880,033
短期貸付金	3,056,784	繰越利益剰余金	△ 39,880,033
リサイクル預託金	14,250	**利益剰余金合計**	**△ 39,880,033**
流動資産合計	**4,186,897**	**株主資本合計**	**△ 34,880,033**
Ⅱ　固定資産			
有形固定資産			
建物付属設備	3,352,509		
車両運搬具	231,830		
工具、器具及び備品	158,888		
有形固定資産合計	**3,743,227**		
投資その他資産			
敷金	5,506,600		
長期前払費用	172,000		
投資その他資産合計	**5,678,600**		
固定資産合計	**9,421,827**	**純資産の部合計**	**△ 34,880,033**
資産の部合計	**13,608,724**	**負債・純資産の部合計**	**13,608,724**
（負債の部）			
Ⅰ　流動負債			
買掛金	1,013,764		
短期借入金	9,888,833		
未払金	2,187,567		
未払費用	3,538,157		
未払法人税等	139,999		
未払消費税等	659,700		
預り金	336,133		
流動負債合計	**17,764,153**		
Ⅱ　固定負債			
長期借入金	30,724,604		
固定負債合計	**30,724,604**		
負債の部合計	**48,488,757**		

ー」な税理士を雇っていたか、それだけで一目瞭然です。

それはともかくとして、中身も謎の多いB／Sでした。

ご覧のとおり、純資産は約マイナス三五〇〇万円。それに対して資産の合計が約一四〇〇万円しかないので、明らかな債務超過です。

債務超過自体はそんなにめずらしいことではありませんが、会社を始めてたった五年でこんな状態になることは、ふつうありません。

長期借入金が約三〇〇〇万円もあるからこうなるのですが、資本金五〇〇万円でスタートしたばかりの会社に金融機関が三〇〇〇万円も融資することはあり得ないでしょう。資本金が五〇〇万円なら、せいぜい融資額は一〇〇〇万円まで。最近は規制が緩くなり、「創業補助金」を含めて一五〇〇万円ぐらいまで貸し付けることもありますが、三〇〇〇万円はその倍額です。

しかも、資本金と合わせて三五〇〇万円もの軍資金でスタートすること自体が異例中の異例なのに、わずか五期で純資産がマイナス三五〇〇万円。要するに、五年で巨額の軍資金を使い果たしてしまったわけです。

ちなみに役員報酬（社長の給料）は月四〇万円で、年間四八〇万円。五年間で二四〇〇万円ですから、これだけで軍資金の半分以上が消えたことになります。

これでは、とても「経営」とは呼べません。借金から自分の生活費を差し引いて、残りをみんな博打ですってしまったようなものでしょう。

では、なぜこんなことが許されたのか。

じつは答えは簡単で、スポンサーは妻の実家でした。腕の良い料理人が資産家の娘と結婚し、資本金から何からすべて用立ててもらって、自分の店を出したわけです。

都心の店舗はじつに立派ですが、知らない人はまず入ってこないような奥まった場所。高級な和食なので客単価は高いのですが、席数は少なく、ほぼ一日に一組しか相手にしないような営業スタイルでした。

累積赤字四〇〇〇万円からのスタート

どのような営業方針であれ、経営を立て直すには「自己資本比率五〇％以上」を目指すというのが、クライアントに対する私の原則です。四〇〇〇万円近い累積赤字を抱えた経営者と義理の母親が相談にいらしたとき、私はまずB/Sの自己資本比率の話をして、「無借金にしなければいけません」と伝えました。

ふつうに考えれば、これだけの借金を返すには相当な時間がかかるでしょう。しかし税務的には、あまり時間の猶予がありません。税務署は、累積赤字をいつまでも赤字として認めてはくれないからです。

B社の赤字は、一期目が約八一五万円、二期目が約九八四万円、三期目が約八五九万円、四期目が約七九七万円、五期目にも五〇〇万円近い赤字を出していました。

この累積赤字は、いつまでも繰り越せるわけではありません。欠損金の繰越期限は、当時は七年でした（その後の法改正で九年になり、平成三〇年四月一日からは一〇年になります）。

自己資本比率を上げていくには年間八〇〇万円の利益を出すのが目標です。しかしこの会社は、八〇〇万円の赤字が常態。マイナス八〇〇万円の会社が一足飛びにプラス八〇〇万円の会社になることはできません。

そこで私は、まずは年間四〇〇万円の利益を安定的に出せる経営体質に変え、一〇年かけて四〇〇〇万円の累積赤字をゼロにしましょうとお話ししました。それであれば、一期目の赤字も、繰越期限より一年余裕をもって解消することができます。

私と出会ったとき、社長は四〇歳でした。債務超過状態から脱して、B／S上の繰越利益剰余金が晴れてゼロになるのは五〇歳のときという計算になります。しかも、そこはゴールではありません。一〇年かけてやっとスタートラインに立ち、自己資本比率五〇％を目指すのは、そこからです。

料理人としてのプライドが生んだ多額の未払金

「商売を続けますか？」と私は社長に聞きました。

お子さんも生まれたばかりでしたし、これ以上妻の実家に頼るわけにもいきません。しかし本人は「やるしかありません」と言います。

毎年これだけの赤字を出しているのですから当たり前ですが、改善すべき点は多々ありました。

たとえば、B／Sを見ると、売掛金が六五万円程度しかないのに、買掛金は一〇一万円ほどあります。飲食店は基本的に現金商売なので、お客さんがクレジットカードで払う以外に売掛金はほぼ発生しません。ですから、買掛金が多ければ帳簿上の負債が大きくなるのは当然でしょう。

この会社の場合、買掛金は原材料の仕入れでした。腕がよくて料理人としてのプライドは高いので、最高の食材を使いたい。その気持ちはわかりますが、ならば売掛金も一〇〇万円以上なければバランスが取れません。

それを指摘すると社長は「現金で売っているから売掛金は少ないんです」と言います。でも、それなら現金があるはずなのですから、仕入れも現金で払えるはず。買掛金が多いのは、実際はその現金がほかのことで消えているから、仕入れの支払いが滞っているということです。

さらに、未払金が約二二〇〇万円、未払費用が約三五〇〇万円あります。未払金は債務が確定している費用、未払費用は債務が未確定な費用のこと。まともな会計処理をしていれば、後者のほうが多くなることはあり得ません。未払費用のほうが多いのは、会計処理の杜撰《ずさん》さを物語っています。

流動負債のところには、それ以外にも、未払法人税等や未払消費税等があり、とにかく支払いを先延ばしにしているのがわかります。

短期借入金も一〇〇〇万円近くありますが、これも妻の実家からの借金。創業時の費用だけでなく、途中で運転資金も借りていたわけです。

私が「商売を続けますか？」と聞きたくなるのも当然でしょう。

それでもこの社長は、年間四〇〇万円の利益を出すべく四年間は頑張り、累積赤字は二〇〇〇万円ほど減りました。

でも、経営者としての意識が大きく変わったとは思えません。たとえば店舗が傷んできたのを修繕したい、と言ったことがあります。でも、お金のかかるリフォームをしていられるような経営状態ではありませんでした。

だから私は「一〇年かけて借金がなくなるまでは我慢してください」と言ったのですが、それでも「どこかから修繕費用を借りられないのか」と言います。最終的には我慢してもらいましたが、この社長には**「B／Sをきれいにする」という発想が持てなかったのかもしれません。**

コンテンツだけ良くても商売は回らない

経営者としての発想が変わらなかったのは、やはり「スポンサー」の存在も大きいでしょう。私が税理士として我慢を説いていると、やがて義理の母親が「あんなに頑張っているのに、可哀想じゃありませんか」と言い出しました。会社には長期と短期の借入金が合わせて四〇〇〇万円あるのですが、「それは返してもらわなくてもいいんです」と言うのです。

しかし、それでは会社の経営を根本的に立て直したことにはなりません。

たしかに、貸した人が「要らない」というなら、四〇〇〇万円の借入金は特別な利益（売上げ以外の収入）となり、負債から消えてしまいます。もちろん実際に使ったお金が戻ってくるわけではなく、単に妻の実家が四〇〇〇万円を損失したというだけの話です。

そうやってB／Sが見かけの上ではきれいになったところで、**経営者のやり方が変わらなければ、また同じことのくり返し**になるでしょう。

だから私は、債権者が返上した四〇〇〇万円を売上げ以外の特別な利益として処理できることは言わず、あくまでも自力で赤字をゼロにする努力を続けるよう説得しました。そうでなければ、社長として自分の会社を経営したことにならないからです。自力で経営しなければ、経営者としての成長も満足もありません。

しかしその一方で、社長は別の経営コンサルタントにも相談を持ちかけていました。そのコンサルタントは目先の帳尻しか考えないので、妻の実家からの借入金を特別利益として相殺してしまえばいい、と教えたのです。

しかもコンサルタントは、社長の経営者としての資質より、料理人としての腕にばかり注目していました。

帳簿上の数字で判断する私たち税理士と違って、経営コンサルタントはビジネスの「コンテンツ」さえ良ければ商売になると考えます。だから、「この腕を生かせば儲からないはずがない」という発想になる。実際、「どうせならもう一店ぐらい出店したほうが成功するよ」などと吹き込んだようです。

結局、B社の社長は我慢を続けられませんでした。経営者としての地道な努力を説く税理士よりも、料理人としての可能性を称賛してくれるコンサルタントのほうが、つきあうのが楽だったのかもしれません。彼は「料理の面白さ」は誰よりも知っているけれど、「経営の面白さ」に気づける日が来るかはわかりません。

私は五年目でB社を解約されました。

その後、この会社が新規に出店したという話は聞きませんが、ときどきテレビに顔を出してはいるようです。そういう宣伝効果で、売上げの瞬間風速は上がるのかもしれません。

でも、**まともな税理士を雇わないかぎり、この会社の自己資本比率が上がることはない**でしょう。それどころか、会社がいつまでもつかわかりません。

会社が潰れても、料理人としての腕がいいなら雇う店はあるでしょう。しかし、そこでも「最高の食材」にこだわってコスト意識が持てないようだと、店に嫌がられて長続きしないような気もします。

なぜ美しいB／Sを作る必要があるのか

以上、私が関与した成功例と失敗例を見てきました。なぜ「美しいB／S」を作る必要があるのかが、この二例を通して少しはわかってもらえたことと思います。

また、B／Sが経営者の内面を映し出す「鏡」のようなものであることも、感覚的に理解してもらえたのではないでしょうか。

あらためてA社のB／Sを見ると、そもそも負債の部に買掛金という項目さえありません。仕入れの支払いはすべて済ませているので、買掛金はゼロということです。

ちなみに四七期の資産の部の「棚卸資産」を見ると約三二万円で、その前の期もほぼ同額でした。棚卸資産とは仕入れの残りのことですから、それが前期と同程度ということは、安定した仕入れが行われているということ。その支払いを、すでに終えているわけです。

一方、B社の五期は、棚卸資産（原材料）は約一四万円。仕入れの残りはA社よりも少ない（つまりこれから買い足すものがA社より多い）のに、未払いの買掛金は一〇〇万円以上もあります。

これを比較しただけで、社長の経営姿勢の違いがよくわかるでしょう。

ただしA社の四七期のB／Sは、私が税理士として関与して十数年経ってからのものです。その間に社長は経営の面白さを理解し、美しいB／Sを作れるようになりました。

B社も社長がもう少し我慢を覚え、一〇年かけて赤字を消す努力を続けてくれれば、そこから自己資本比率五〇％を目指す経営ができたかもしれません。

しかしそうなるためには、**本来の仕事をきちんとこなす税理士の伴走が不可欠**だと思います。B社の場合、私が担当したのは創業から五年後のことでした。そこからやり直すのは、やはり簡単ではありません。このケースを見れば、会社経営は最初の段階から失敗が許されないことがわかるでしょう。だからこそ、**創業当初からまともな税理士を使うことが重要**なのです。これまでも税理士の役割についてはおりに触れてお話ししてきましたが、次の章ではさらに詳しく、「まともな税理士」と「テキトー税理士」の違いを説明することにしましょう。

第三章 黒字を続けるカギは「税理士」にあり

会社を成長させるのが税理士の義務

本書の冒頭で、私は税理士を「ホームドクター」のようなものだと言いました。記帳代行、決算・税務申告と節税のアドバイスしかしないテキトー税理士とは違い、**定期的に経営状態をチェックし、問題があれば経営助言をする**のが本来の税理士の業務です。

ただし、本来あるべき「業務」と法的な「義務」は必ずしも同じではありません。税理士法第一条では、「税理士の使命」を次のように定めています。

〈税理士は、税務に関する専門家として、独立した公正な立場において、申告納税制度の理念にそって、納税義務者の信頼にこたえ、租税に関する法令に規定された納税義務の適正な実現を図ることを使命とする。〉

ここで具体的に想定されている「税務の専門家」としての業務は、税務の代理、税務書類の作成、税務相談など。それに付随して、決算書（財務諸表）の作成や記帳代行も認められています。

これを見るかぎり、少なくとも外形的には、テキトー税理士も法的には義務を果たしていることになるでしょう。もちろん実質的には、「納税義務の適正な実現」を図っているとは思えません。本当なら法人税を納められるはずの企業を赤字決算にして、納税を回避させているからです。

したがって、テキトー税理士のやっている税務は、税金を払いたくないクライアントにとっては「適正」かもしれませんが、社会にとってはまったく適正ではありません。法の精神から見ても、まともな税理士とは言えないでしょう。

しかし条文を読むかぎり、私の言う「ホームドクター」のような業務は、文言上は税理士の使命とはされていません。それをやらないからといって、テキトー税理士が法的な義務を果たしていないことにはならないのです。

それでも私は、税理士は「ホームドクター」としての業務を行うのが本来あるべき姿だと思っています。というのも、利益が出なければ法人税の計算はできません。つまり、**利益が出るよう会社を成長させることを義務づけられている**のが、税理士という資格だと思うのです。そしてそのために必要な業務とは、具体的には次のようなものです。

・会計帳簿を社内で作成するよう指導する（自計化・初期経理指導）
・月に一度以上クライアントに足を運び監査を行う（月次巡回監査）
・不正やミスが発生しない会計システムを導入する
・集計・確定された会計データをもとに経営助言を行う
・税務申告書を提出する際に税務監査証明書を添付する（書面添付）

この中でまず重要性を指摘しておきたいのは最初の二つ、「**初期経理指導**」と「**月次巡回監査**」です。いずれも法律では義務づけられていませんし、テキトー税理士もやりはしません。しかし私は、これをやらなければ法律で定められているレベルの税務をこなせないと考えています。

資本主義経済に不可欠な信用保証の仕組み

というのも、まず月次巡回監査を行わなければ、まともな税務申告書は作成できません（その理由についてはのちほど説明します）。そして、税理士が月次巡回監査を行うためには、帳簿を社内で作成してもらわなければいけません。それを「**自計化**」といい、自計化ができるように教えるのが初期経理指導です。

先ほど私は、「記帳代行」は税理士の業務として認められていると言いました。それなのに「帳簿を社内で作成してもらわなければいけない」とは、一体どういうことでしょう。帳簿の作成を税理士に代行させてはいけないのでしょうか。

じつは、税理士が代行できる「記帳」は、本来「起票」という作業を含みません。「起票」とは、領収書や伝票などの証憑書《しょうひょうしょ》をもとにして会計情報のデータベースを作成する作業のこと。これは社内でやらなければいけません。そのデータベースをもとにして、決算書や仕訳帳、総勘定元帳などを作成するのが「記帳」です。

もともと帳簿は、みんなが寝た後に、商人がロウソクの灯りの下でこっそりつけるものでした。今日はいくら儲かったのか、財産がいくらになったのかといったことは、自分が把握していればよいことです。

つまり今風に言えば、これは「個人情報」ということ。他人に見せびらかすものではありません。今日までの商売の調子や財産の状況を知らないと明日の商売に差し支えるので、自分のために記録しておく必要があったのです。

しかしやがて、「自分にはもっと稼げる才能があるが、そのためには元手が足りない。事業を広げるためにはもっと資本が必要だ」と考える人たちが出てきます。足りない資本を手に入れるためには、出資してくれる人の信用を得なければいけません。

そこで帳簿は、他人に見せて「自分にはこれだけ儲ける力がある」ということを示すものになりました。でも、本人が書いた「成績表」を信用して出資する人はあまりいないでしょう。第三者がその帳簿が正しいかどうかをチェックして、お墨付きを与える必要があります。

それが、税理士による「**監査**」にほかなりません。**税理士や会計士を使って信用を保証する会計システムは、資本主義経済になくてはならないもの**だということです。

ともあれ、いまの話で、「起票」と「記帳」の違いがわかってもらえたでしょう。税理士のような第三者が関わるようになったからといって、経営者が自分自身で起票することの意味が失われたわけではありません。

日常的につける帳簿は、**自分の商売がいまどうなっているのかを把握するために書く「日記」のようなもの**です。自分の財布の中身を知らないと買い物ができないのと同じように、自社の経営状態を知らなければ商売はできません。商品の価格設定や仕入れ値が妥当かどうかも判断できないはずです。

だから「自計化」が必要なのですが、実際には多くのテキトー税理士が、「記帳代行」と称して経営者の代わりに「日記」をつけています。月末が近づくと、クライアントから未整理の領収書や伝票の類がまとめて届き、それをもとに税理士が帳簿をつける。本来は社内でやるべき「起票」を代行しているのです。

企業活動の本質は「信用経済」と「複式簿記」

経営者が自分で帳簿をつけることの意味を、別の観点から見てみましょう。

いまの社会には、大きく分けて、家計、財政（国・自治体）、企業会計の三つの経済単位があります。

家計は、給料をもらってきて使うところです。残ったお金は将来のために預金したりしますが、基本的にはお金が入って出ていくだけの経済です。財政も、税金収入や国債を発行して入ってきたお金を、その年度内で使いきらないといけないので、これもお金が入って出ていくだけの経済です。ですので、この二つの経済活動は「**現金経済**」と言うことができます。

これに対して企業の会計には、タイムラグがあります。たとえば、あるところから仕入れをし、その支払いを一カ月後とか二カ月後にしてもらい、その間に仕入れたもので商売をすることで、利益を上げる。そうやって信用をもとにして大きくなっていくのが「**信用経済**」です。価値創造をして国を富ませることができるのは、このような企業の経済活動だけです。

そして、入ったものをただ使うだけでよい経済活動の記録は「単式簿記」で間に合いますが、信用経済の記録は「複式」でないとできません。家計のような現金経済の世界で生きてきた人が、会社を興して成功させるには、**単式簿記から複式簿記への頭の切り替えが必要**です。現金経済から信用経済に頭が切り替わらないかぎり、会社を成長させることはできません。

こう考えると、記帳を税理士に丸投げしている経営者というのは、企業会計が信用経済で成り立っているという本質をわかっていない人だと言えるのです。

テキトー税理士がつける帳簿で会社が傾く

話が少しそれましたが、「起票」の話に戻りましょう。

起票とは自分の商売の「日記」のようなものだと言いました。他人の「日記」を正しく書けるわけがありません。たとえば本人から「今日は渋谷と新宿に行った」とだけ聞かされても、そこに何をしに行ったのかはわからないでしょう。買い物に行ったのか、誰かと会ったのか、あるいは、ただ散歩しただけなのか。そういう行動の目的や意味合いは、本人にしか書けないのです。

それと同じように、経営者から受け取った領収書の意味は、税理士にはわかりません。たとえばタクシーの領収書を見てわかるのは、支払った金額と乗車した時刻ぐらいでしょう。どこからどこまで、何のために乗車したのかは不明です。レストランや喫茶店の領収書も、そこで誰と何のために会っていたのかは教えてくれません。

税理士に送ってきた以上、経営者としては、それはすべて商売に必要な「経費」だという認識なのでしょう。しかし仮にそうだとしても、「経費」にもいろいろあります。原価として処理すべきなのか、交際費として処理すべきなのか。それによって経営上の意味は違ってきます。ほとんどの中小企業にとっては、「対税務署」という点では、何であれ経費には違いないので関係ありませんが、その仕訳がきちんとできていないと、その帳簿は経営状態を知る上で役に立ちません。「今日は渋谷と新宿に行った」としか書いていない日記を読んでも自分の過去を正しく知ることができないのと同じです。

そしてテキトー税理士は、送られてきた領収書の意味をいちいちたしかめません。まさに「テキトー」に仕訳して、帳簿を作成します。取引先を接待したのか、社長が家族と食事をしたのかわからないファミリーレストランの領収書も、確認せずに交際費として起票するでしょう。経営分析には役立たなくても、税務署さえクリアできればそれでいいのです。そうやって、「利益はあるのに赤字」の決算書ができあがる。なにしろクライアントがそれを求めているのですから、文句をつけられることもありません。

でも、こうして経営者とテキトー税理士がいわゆる「Win-Win」の関係を続けているあいだに、会社はどんどん傾いていきます。帳簿が経営分析に使えないのですから、そうなるのも当然でしょう。

真実が記されていない歴史書からは、将来に役立つ教訓は得られません。**強い会社を作るには、経営状態の真実がわかる帳簿が不可欠**です。

そのためには、まず経営者が自分で「日記」をつけられるようにしなければいけません。だから税理士にとって最初の仕事は、自計化のための初期経理指導になるわけです。

具体的には、データ入力のやり方、証憑書の整理・保存の指導を行い、ITによる会計システムを導入する。これによって自計化が可能になれば、さまざまなお金の出入りの意味や目的がわかる帳簿を作成できるようになります。

社長自ら起票することで経営センスが磨かれる

ただし、これは昔の商人がロウソクの灯りの下で自分のためにつけていた帳簿と同じですから、そのままでは他人に見せても信用されません。金融機関が融資を行うにしろ、税務署が徴税するにしろ、第三者のお墨付きが必要です。

その「第三者」として公的な資格を与えられているのが、私たち税理士にほかなりません。社内で作成した帳簿を税理士が定期的にチェックして、間違いがないことをたしかめる。それが「月次巡回監査」です。

これは「巡回」という言葉が示すとおり実際に会社に足を運びますから、その点だけを取っても、領収書だけ受け取って帳簿を作成するテキトー税理士の仕事とは違います。さらに「監査」というぐらいですから、単に計算ミスなどの間違いを探すだけではありません。経費として計上されている支払いの目的なども確認します。

そもそも初期経理指導の段階で、たとえば飲食店の領収書をそのまま交際費に計上することを認めません。ファミリーレストランや居酒屋の領収書なら、接待した取引先の社名や氏名などを明記してもらいます。

もちろん、そこに書かれたことが本当かどうかはわかりません。ですから監査のときには、あらためて「これは本当に仕事の経費なんですよね？」と聞きます。そこで「いや、じつは家族と食事しました」と答える人はいませんし、警察の捜査ではありませんから、店や取引先に問い合わせて裏を取ることまではしません。「本当に経費です」と言われれば、それを交際費として認めます。

それならいくらでも嘘がつけるだろう、と思う人もいるでしょう。

でも、よほど神経が図太い人でもないかぎり、**監査で嘘をついていると良心の呵責が生じる**ものです。嘘をつくのが心苦しいという以前に、毎月毎月、税理士に「これは本当ですか？」などと聞かれること自体がイヤになってくる。人間の心理とは面白いもので、そうなると、次第に「テキトー」な起票をしなくなります。本当に経費として使った領収書しか出さなくなるのです。

これは、健全な経営への大きな第一歩と言えるでしょう。経営者が自ら起票し、税理士がそれを監査することで、その帳簿には会社の現状が正しく記録されます。前章で説明したように、自己資本比率を高める中期計画はB／Sを見るところから始まりますから、**正しい決算書がなければ潰れにくい強い会社を作ることはできません**。

また、自分で正直に起票するようになった経営者は、ふだんのお金の使い方も変わってきます。それまでは経費にできた領収書が出せなくなるのですから、無駄遣いをしなくなるのは当然でしょう。

でも、変わるのはそれだけではありません。

テキトー税理士にまとめて「経費」として領収書を送っていたときは、それぞれの支払いが帳簿上のどこに振り分けられるかを考える必要がありませんでした。しかし自分で起票するとなると、お金を使う時点で、**「これはどういう意味のある支払いなのか」**を考えざるを得なくなります。つまり、そのお金を使う自分の経営判断が妥当なものかどうかをいちいち自問自答することになるのです。自然と、**社長の経営センスのようなものが磨かれる**ことになるでしょう。

その日常的な「経営判断」を書面に記録したのが帳簿です。正しい帳簿は、いわば「経営判断の塊」のようなもの。だからこそ、そこには経営者自身の姿が「鏡」のように映し出されますし、税理士が経営助言をするときにも大いに役立つのです。

なぜ「月次巡回監査」が必要なのか?

ちなみに、明治三二年に制定された昔の商法では、貸借対照表（B／S）と損益計算書（P／L）を「年に一度」だけ作成することが会社に義務づけられていました。月ごとに帳簿をつける義務はなかったのです。

しかし資本主義経済が発展してくると、それだけでは用が足りません。金融における信用を確固たるものにするには、もっときめ細かな会計が必要です。そのため、証券取引法をはじめとする法律が制定され、年に一度のB／SやP／Lだけでは済まなくなりました。

ただし、それらの新しい法律が適用されるのは上場企業などの大きな会社だけ。ほとんどの中小企業は、少し前まで、相変わらず明治時代の商法だけでやってきました。そのため、年に一度だけ納税のために決算書を作る悪しき習慣が根づいてしまったのです。決算書の目的が税金の計算だけだと勘違いしていたのでは、経営状態を自分で確認するという本来の目的で帳簿を作成するようにはなりません。

それが大きく変わったのは、ほんの十数年前のことです。平成一七年（二〇〇五年）に制定された会社法は、第四三二条の第一項で「株式会社は、法務省令で定めるところにより、**適時に、正確な会計帳簿を作成しなければならない**」と定めました。

ここで「適時に」というのは、「取引が発生したら速やかに」という意味。速やかに帳簿を作成することで、人為的に数字をいじるなどの不正を起こしにくくするのが、この条文の趣旨です。

当然、年に一度の決算書だけでは許されません。現金商売をやっているなら、その日の営業が終わった時点でお金の出入りを記帳する。請求書が月ごとに発生するなら、毎月その時点で数字を確定させる。そうやって、お金の動きを時系列で締めていくことを、会社法第四三二条は求めているのです。

私たち税理士が行う月次巡回監査は、この法律に準拠しています。そこで重要なのは、人為的な不正を防ぐために、**監査を終えたデータにシステム上でロックをかける**こと。監査までの起票は社内でやりますが、ロックをかけた後は誰も数字などに手を加えることができません。税理士がチェックした内容がそこで確定するわけです。

こうして法律に準拠して監査をするというと、税理士は会社を安心させる「ホームドクター」というより、会社に厳しい警察のような印象を持つ人もいるでしょう。

しかし、そうではありません。月次巡回監査は、一カ月に一度、会社の事業内容を考える機会を経営者に与えてくれます。毎月毎月、帳簿が締め切られるたびに前月分の確定額が出て、商売の状況が明確になるのですから、社長としては「いま何をすべきか」を考えることになるでしょう。

たとえばダイエットも、体重を毎日量らないと「これから何をすべきか」を意識できません。それと同様、「現状認識」と「反省・対策」を定期的にくり返すことが、経営に良いリズムをもたらすのです。

年に一度、決算のときだけ税理士とつきあっていた経営者は、月次巡回監査を行う税理士を当初は鬱陶《うっとう》しく感じるかもしれません。自分で起票するのも、最初はひどく面倒臭いでしょう。

でも、**毎月考える機会を持つことで、意識は大きく変わります**。ある社長は、しばらく私たちの監査を受けた後で、こんなことをおっしゃいました。「もっと早く山下さんに出会っていればよかった。これまでは経理をバカにしていたよ。社長の仕事は、営業に回って仕事を取ってくることだけだと思っていた」

こういう経営者は多いでしょう。

たしかに仕事を取ってくるのは大事なので、経理は奥さんに任せて帳簿など見ようとしない社長もよくいます。しかし本来は、営業に関する意思決定も会計的な根拠に基づかなければ正しいものになりません。月に一度のペースで帳簿をチェックしていると、その重要性に気づくのです。

税務監査証明書（書面添付）で税務調査の不安がなくなる

さて、月次巡回監査による帳簿の管理は、社内に良い効果をもたらすだけではなく、対外的な信用も高めます。

まず、税理士は絶対に改竄《かいざん》のできない月々の会計帳簿を担保にして年度末の決算書と法人税の申告書を作成するので、そのときになって「ちょっと儲けすぎたからお金を使おう」といった場当たり的な節税対策はできません。これは税務署の信用を高めます。

その信用を保証するために税理士が作成するのが、「**税務監査証明書（書面添付）**」です。平たく言うと、これは「この会社は税務調査にお越しいただくまでもありませんよ」という税理士からのお墨付きのこと。税務申告書が虚偽のない信頼できるものであることを証明するために、税理士法第三三条の二第一項で規定された書面です。

これを税務申告書に添付すると、**税務署は税理士の意見を聞いてからでなければ税務調査を行えません。**絶対に税務調査ができないわけではありませんが、税理士の意見を聞いて疑いが晴れれば、調査は行われないのです。少なくとも、突然の税務調査に怯《おび》えながら過ごすことはありません。

それぐらい信用性の高いものですから、税務監査証明書を添付する税理士にも相当なプレッシャーがかかります。

もし税務申告書に虚偽があると知りながら税務監査証明書を添付したことがわかれば、税理士資格は剥奪。たとえ知らなくても、税務調査で虚偽があることが発覚すれば、税理士としての信頼は失墜するでしょう。

ですから、経営者の望みどおりに赤字決算書を作成するようなテキトー税理士は、税務監査証明書の添付など絶対にできません。これを添付するかどうかが、**「まともな税理士」と「テキトー税理士」を見分けるひとつの大きな目安**になるのです。

また、私の税理士事務所も所属しているＴＫＣという職業会計人グループ（全国一万人以上の税理士・公認会計士のネットワーク）では、「適時に、正確な会計帳簿を作成しなければならない」という会社法第四三二条に準拠した仕事を証明するために、クライアントの決算と税務申告の完了後に「**記帳適時性証明書**」を発行します。月次巡回監査によって帳簿が適時に作成され、決算書がその内容と完全に一致していることなどを証明する書面です。

これによって確認できるのは、適時性や正確性だけではありません。その会社の会計が、「中小会計要領」に準拠していることも確認できます。

中小会計要領とは、日本税理士会連合会、日本公認会計士協会、日本商工会議所及び企業会計基準委員会の関係四団体が主体となって設置された「中小企業の会計に関する研究会」と「ワーキンググループ」が、中小企業庁、金融庁、法務省の協力の下で作成したもの。平成二四年（二〇一二年）に発表され、その後、平成二九年（二〇一七年）には一部分の改訂が行われました。詳細は省略しますが、現在はこれが**中小企業の会計処理が公正で妥当なものだと認められる基準**になっています。それに準拠していれば、金融機関等に対する帳簿の適正性が保証されると考えていいでしょう。

テキトー税理士は税務署も金融機関も敵に回す

そういう点でも、現場での帳簿作成の過程が明瞭にわかる記帳適時性証明書はきわめて信頼性の高いものです。したがって、クライアントが**金融機関に融資を求めるときにも大いに活用できる**でしょう。

金融機関は、企業への貸し付けに関して、金融庁の監督を受けています。不正もしくは過剰な融資などがないかどうか定期的に監督・検査を受けるのですが、そこでは融資が妥当であることの根拠を示さなければなりません。

その妥当性を判断するときに金融庁が重視するのは、「事業性評価」です。これは、平成二六年（二〇一四年）に発表された「金融モニタリング基本方針」で、監督・検査項目の重点として掲げられました。それまで金融機関はおもに融資先の財務面を判断材料にしていましたが、決算書の数字だけで適否を決めていたのでは、業績の厳しい企業への融資がなかなかできません。そこで、企業の事業そのものが持つ将来性などを含めて総合的に融資の是非を判断すべし、というわけです。

ならば、企業の会計帳簿も事業性評価に役立つものでなければなりません。先述したように、税理士の指導によって自計化され、月次巡回監査によって磨かれた会計帳簿には、会社の実態や経営者の考えが色濃く反映されています。だからこそ経営分析に役立つわけで、金融機関が事業性を評価するときもそれは同じでしょう。

テキトー税理士が年に一度だけのつきあいで作った決算書では、そうはいきません。自計化も月次巡回監査も行っていない会社の会計帳簿は、その会社の経営について何ひとつ保証しないからです。

そもそもテキトー税理士は、節税を求める経営者に対して、何かを保証しているわけではありません。「少しでも税金を安くしてほしい」というクライアントの要望に応えて赤字決算書を作り、それに基づいて税務申告書を作成はしますが、それが通るかどうかは税務署次第。もちろん税務監査証明書（書面添付）もないので、**いつ税務調査が入ってもおかしくありません**。

それでも、税務署の厳しい目をかいくぐって、テキトーな税務申告が通り、節税に成功することはあるでしょう。それは税理士が保証したものではなく、ただの「結果オーライ」です。

クライアントは「これも先生のおかげです」などと感謝するでしょう。しかし、なにしろテキトー税理士は是非の判断を税務署にお任せしているので、税務調査で不適切な処理が指摘され、修正申告を求められることもあります。想定外の出費を強いられる会社にとっては、困った事態です。

ところが、テキトー税理士は少しも困りません。その税務申告で受け取った報酬を「返せ」と言われるわけではないからです。むしろ、そのクライアントから修正申告の作業を受任するので仕事が増えます。修正申告はその年の分だけではなく、過去にさかのぼってやることになりますから、税理士への支払いはバカになりません。仮に一年分で一〇万円とすれば、過去三年分の修正申告で三〇万円になるわけです。

テキトー税理士の中には、さらに悪辣《あくらつ》なやり方で稼ぐ人もいます。自分で税務調査官に電話して、「このお客さんはこれからきちんと指導したいので、もうちょっとお灸を据えてもらえませんか」などと伝え、三年分で済むはずの修正申告を五年分にしてしまう。その修正申告作業だけで、税理士事務所は一カ月分の臨時売上げ達成、ということになります。

同じ税理士として恥ずかしい実態を披露してしまいましたが、こんなテキトー税理士に出会ってしまったら、会社はたまったものではありません。しかし経営者のほうも、ひたすら税金を安くするためだけに税理士を使っているとすれば、自業自得という面もあるでしょう。

いずれにしろ、金融機関もそういう税理士がどんな仕事をするかは承知しています。銀行員の口から、テキトー税理士の作った決算書は「九九%、信用しません」という言葉を聞いたこともありました。

それはそうでしょう。税金を安くすることだけを考えているのですから、その決算書では利益が削られています。利益がなければ、借りたお金を返済する財源もありません。税務署を敵に回すような税理士は、金融機関も敵に回してしまうわけです。

なぜ経営助言も税理士の業務と考えるのか

ここまでは、自計化のための初期経理指導、月次巡回監査、それを踏まえた税務監査証明書（書面添付）や記帳適時性証明書の作成など、会計帳簿に関する税理士の業務についてお話ししてきました。本来あるべき税理士の仕事とテキトー税理士の仕事の違いが、よくわかってもらえたことと思います。

要するに、会社の「会計」と「税務」を保証するのが税理士の役割にほかなりません。本音を言えば、そのどちらも保証しない人たちは「テキトー税理士」ではなく、いっそ「ニセ税理士」と呼んでしまいたいぐらいです。

もちろん資格を持っている以上、彼らも偽物ではありません。しかし、会計も税務も保証しない税理士が当たり前のように活躍できるようでは、中小企業の健全な発展は遅れるばかりでしょう。もっと大きな話をすれば、健全な資本主義経済の発展さえ阻害します。国家の財政が健全化する日も来ないでしょう。中小企業の経営者のみなさんは従来の税理士観を見直し、自分自身のためにも、企業社会全体のためにも、正しい税理士の使い方をしてほしいものです。

ところで、月次巡回監査やさまざまな証明書の作成をしただけでは、税理士が会社の「ホームドクター」としての務めを果たしたことにはなりません。この章の冒頭で列挙した税理士の業務には、もうひとつ大きな柱がありました。保証書のついた会計データに基づく「**経営助言**」です。

これは、いままでお話ししてきた税理士の業務とは質的にかなり異なるものだと言えるでしょう。帳簿の監査や税務申告といった仕事は、すべてクライアントの「過去」に関わるものです。帳簿はすでに終わった金銭的な取引を整理したものですし、税務監査証明書（書面添付）や記帳適時性証明書、中小会計要領は「こういう結果になりました」と過去形でその内容を保証します。

それに対して、経営助言はクライアントの「未来」に関わる業務です。前章でも、自己資本比率五〇％を目指す中期計画のお話をしました。会社の現状を踏まえて、「これからどうするか」を考えるのが経営助言です。

また、税理士法を表面的に見ても、税理士に経営助言をする義務はありません。その意味でも、帳簿がらみの業務とは異質です。

では、なぜ義務でもない経営助言を行うのか。それは、この業務をやることが、めぐりめぐって私たち税理士自身のためになるからです。

というのも、税理士という仕事は企業が存在しなければ成り立ちません。企業があるから、税務書類の作成や税務代理といった仕事が生まれます。したがって、多くの企業が繁栄すればするほど、私たち税理士も繁栄するでしょう。資本主義経済が縮小し、多くの企業が立ち行かなくなれば、税理士の仕事もどんどん消えていくわけです。ＡＩの進化が税理士の仕事をなくすのではなく、企業数の減少こそが税理士の仕事を消してしまうのです。

だとすれば、自分たちの将来のためにも、企業の将来を明るいものにしなければなりません。とくに、いまは企業全体の七割が赤字という状態。このままでは、もちろん経営者のみなさんも困るでしょうが、私たち税理士も困ります。多くの企業を黒字化し、潰れずに長生きできるように助言するのは、クライアントのためであると同時に、私たち自身のためなのです。

税理士の経営助言と経営コンサルタントの違いとは？

前章でも少し触れましたが、税理士の経営助言は、いわゆる経営コンサルタントの仕事とは大きく異なります。いちばんの違いは、やはり**帳簿との関係**でしょう。

ひとくちに経営コンサルタントといっても、その守備範囲は人によってさまざまです。特定の業界を専門にしている人もいれば、たとえばマーケティングや人事システムの構築といった業務に特化している人もいます。従業員教育のための研修や、社員の採用などを専門にしている人たちも少なくありません。

総じて言えるのは、おおむねどのコンサルタントも「売上げの拡大」を主目的にしていること。売上げを増やす方法を考える上で、帳簿全体を見る必要はありません。B／Sどころか、P／Lを細かく分析しなくても、「いかに売上げを伸ばすか」を考えることはできます。売上げの増加ではなく、コストカットによって利益を生み出すコンサルティングもありますが、それも帳簿全体を見る必要はありません。それぞれ、「売上げ」や「コスト」の数字だけを把握すればよいでしょう。

それに対して、私たち税理士の経営助言は、あくまでも「黒字を出して適正な納税をしてもらう」ことが目的です。そう言うとまるで税務署のために仕事をしているように聞こえるかもしれませんが、それが会社を強くする道であることは、これまでの話でわかってもらえたと思います。

したがって、私たちは帳簿全体を見なければいけません。**帳簿に記された数字という客観的な事実から物を言う**のが、税理士の基本姿勢です。

たとえば「従業員」に関する問題は、コンサルタントでも税理士でもテーマになることがあるでしょう。でも、取り組み方は違います。

コンサルタントの場合は、従業員の「質」を問題にするかもしれません。頭数は揃っていても、「使える人材」や「意欲のある人材」があまりいなければ、会社の業績は落ちます。それを解決するために、人事考課システムを見直して従業員のモチベーション向上を図るコンサルタントもいるかもしれません。社員研修によって能力を高めようとする人もいるでしょう。

一方、税理士はそのようなことはしません。帳簿の数字を見て、人件費が固定費全体を押し上げていれば、「このままでは黒字になりません。社長、どうなさいますか」とファクトベースで指摘するのが税理士の経営助言です。

一例を挙げましょう。ある企業が前年比一二五％の売上げを達成しました。一年で二五％も成長したのですからすごいことです。ところが人件費を見ると、前年比一三五％まで増えている。これでは、売上げアップを素直に喜ぶことはできません。人を増やしたのであれば、人件費の伸び以上に売上げが伸びないと困ります。人件費の伸びのほうが大きいのでは、いくら前年比一二五％といっても、期待以下の成長でしかありません。

帳簿の数字から経営状態を見るとは、こういうことです。税理士としては、このファクトをもとにして、「従業員を増やした意図は何か」「これは無駄遣いではないのか」「売上げを前年比一三五％に引き上げるにはどうすればよいか」といったことを問い、今後の対策を一緒に考えなければいけません。

また、月次巡回監査をしていれば、毎月の数字を見ていく中で、「人件費が膨らんでいますね。このままだと今年度はこれだけの赤字になりますよ。どうやってそれを回避しましょうか」と、事前に助言できます。月次ベースのリアルタイムの数字をもとに、予測ができるわけです。

さらに、毎年の決算が何とかなればいいという発想だと、帳尻合わせ的に従業員に辞めてもらったり、支払いを延ばしてもらったりということになりますが、自己資本比率を高めB／Sを美しくするというロングスパンで経営していれば、そのようなことにはなりません。税理士がするのは、「この人材をどう生かして安定的な黒字体質にしていきましょうか」という助言になります。

売上げアップの具体的な計画を立て、その期間内に期待した結果が出なければ、計画と現実のズレがどこで生じたのかを会計的な面から検討し、あらためて解決策を提示する。会計という客観的な数字を踏まえながら、そうやって試行錯誤をくり返すのが税理士のやり方です。

そこに、よく経営コンサルタントが口にするようなマーケティング理論が介在する余地はありません。「よその会社ではこうしたら売上げが増えた」といった個人的な経験則も出てきません。解決策の根拠になるのは、過去と現在の会計データだけ。コンサルタントのような派手さはありませんが、経営の全体像を見据えながら、**小手先でない本質的な改革のための助言**ができるのが税理士だと思っています。

「最低でも五年間はついてきてください」

いま挙げたケースでは売上げの伸びが期待よりも小さいことを問題にしましたが、税理士が経営助言をする場合、その最終的な目的は目先の売上高を伸ばすことではありません。第二章で実例を挙げて紹介したとおり、あくまでも自己資本比率を最低でも五〇%にまで高め、会社の体質そのものを強くすることが目的です。

したがって、その対策に**「即効性」はありません**。当面の課題を解決するためのアイデアを提示することも当然ありますが、メインは中期計画です。会社の「ホームドクター」として、対症療法ではなく根本的な治療を目指しているのですから、「患者」である経営者のほうも焦ってはいけません。

治療期間は会社の症状によってさまざまですが、初めて受任した会社の社長には、**「最低でも五年間は黙ってついてきてください」**と伝えます。「長いな。三年ぐらいで何とかならないか」と言われることもしばしばありますが、こればかりは根拠のあることなので、我慢してもらうしかありません。

というのも、私が受任した場合、最初に手がけるのは初期経理指導です。帳簿の整理や保存の方法から、会計データの作り方まで教えるのですが、これだけで一年目はほぼ終わると思っていいでしょう。それまでテキトー税理士が関わっていた会社はまず自計化がなされていないので、これは省略できません。まっとうな帳簿が揃っていることが、経営助言の大前提です。

そもそも、一年目は過去の帳簿が「テキトー」な中身なので、現在との適切な比較ができません。それができるようになるのは、二年目です。一年目に、初期経理指導をしながら毎月の帳簿を作成しているので、二年目からは「前年同月比」の数字を出すことができる。去年と今年で会社がどう変わったのかを見ることができるようになるわけです。

データの蓄積なしに実のある計画は立てられない

しかし、それだけでは経営分析を行うのに十分ではありません。経営状態の変化を早期に把握するには、**Zチャートというチャートが有効**なのですが、そのためには二四カ月分（つまり二年分）のデータの蓄積が必要です。

図7　Zチャート

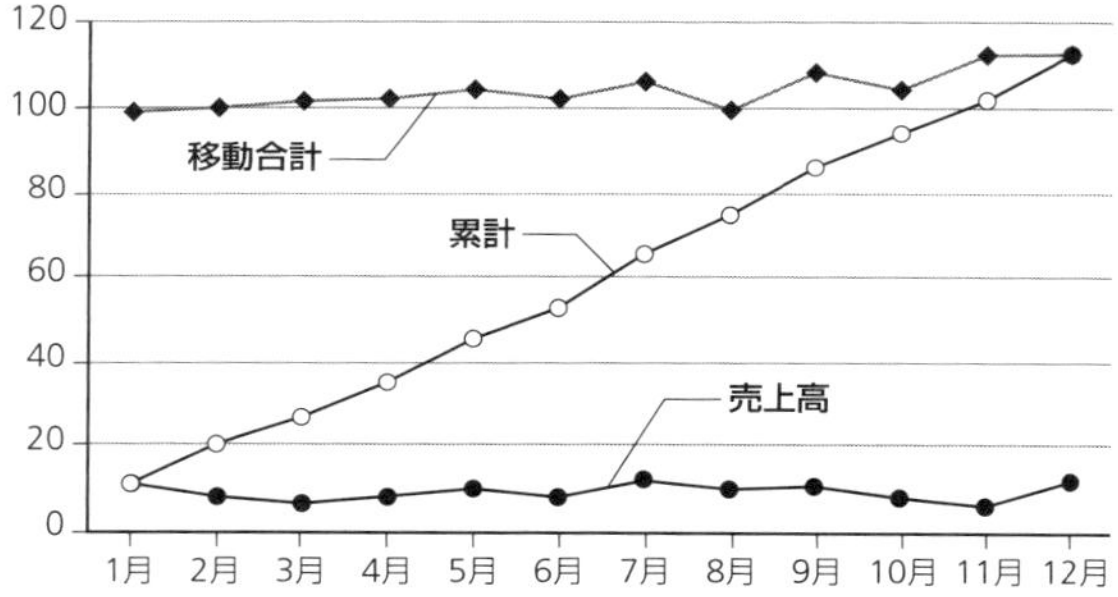

Zチャートというのは、**単月の売上高と、売上高の累計、移動合計の推移を同時に見られるグラフです**（図7）。

移動合計とは、各月における過去一年間の合計売上高のことです。たとえば「今年一月の移動合計」は前年二月から今年一月まで一二カ月の合計、「今年二月の移動合計」は前年三月から今年二月まで一二カ月の合計です。売上高の移動合計が右上がりなら、売上げは前年比で増加傾向、右下がりなら減少傾向ということになります。

月次決算をし、売上高総利益（粗利）のZチャートを作れば、「先月と今月で赤字が出ましたが、過去の実績から見ると、いままでどおりの活動をしていれば十分取り返せます」とか「これでは赤字は取り返せないので、何か手を打つ必要があります」といったことが即座にわかります。

Zチャートを使った経営分析をできるようになるのは三年目から。そして三年目が終わるときには三六カ月分のデータが蓄積されるので、より正確で詳しい分析ができるようになります。

それらの事実を前提に、四年目にようやく実績を踏まえた中期計画を立てることができます。計画立案までに三年もかかるのは驚かれるかもしれませんが、客観的な事実に基づく経営分析はデータが揃わなければできません。個人的な直感や経験などに基づくコンサルティングとは、そこが大きく違うのです。

こうして四年目に立てた中期計画の効果が最初にわかるのは、五年目のこと。しっかりとデータを揃えて客観的に分析し、問題を明らかにして解決策を講じるには、最低でもこれだけの時間がかかります。

データの蓄積なしに「売上げ倍増！」といった数値目標を立てることは誰にでもできるでしょうが、それは根拠のある「計画」ではなく、ただの「願望」にすぎません。また、瞬間風速的な「儲け」を求めるだけならば、そのための「作戦」のようなものはデータがなくてもすぐに考えられるでしょう。

しかし、将来にわたって安定した黒字を出す「**潰れにくい会社**」を作ろうと思ったら、願望や小手先の工夫ではどうにもなりません。確実なデータを根拠として提示できる税理士と共に、じっくりと腰を据えて取り組むべきなのです。

第四章

中小企業を支援する社会の変化

ＩＴ化で激変した企業会計の世界

ここまでの話で、私たち税理士が中小企業を強くする上でどのような役割を果たすのかがわかってもらえたと思います。

税理士事務所の大半を占めるのは記帳代行と決算・税務申告しかしないテキトー税理士なので、それしか知らない経営者のみなさんにはまだ実感がわかないかもしれませんが、本来は「会計」の面から企業の成長を支えるのが税理士の仕事です。もともと税理士にはそういう「ホームドクター」的な役割がありましたが、いまはますますその存在感が高まっている時代だと言えるでしょう。

その変化は、三〇年ほど前に始まりました。きっかけは**「パソコン」の登場**です。

当時はまだ「ＩＴ」という言葉はなかったと思いますが、情報のデジタル化は、帳簿なしには何も始まらない企業会計の世界に大きな影響を与えました。

一九六〇年代から七〇年代にかけて、すでに会計ソフトは存在していましたが、それが使えたのは大型の汎用コンピュータを持つ大企業だけ。しかし八〇年代に入るとオフィスコンピュータが販売され、大企業以外でも会計ソフトが使用されるようになりました。そして八〇年代後半、ちょうど時代が昭和から平成に切り替わった頃からパソコンが普及し始め、会計業務が一気にデジタル化していったのです。

それがもたらした影響は、単なる作業の効率化だけではありません。社会の仕組みそのものが、デジタル化を前提にするようになりました。

たとえば平成一〇年（一九九八年）に、大蔵省が解体されるという衝撃的な出来事が起こります。銀行や証券会社などから過剰な接待を受けた大蔵省幹部が収賄罪で逮捕された、いわゆる「ノーパンしゃぶしゃぶ事件」がきっかけでした。

金融監督庁の設置に伴い、銀行局と証券局が廃止された大蔵省は、民間金融機関への検査・監督権限を失います。金融行政が大蔵省から分離された結果（もちろん収賄事件の反省もあったでしょう）、金融機関は企業に融資をする際、きちんとした事業計画に基づいた審査を求められるようになりました。平日のゴルフ場で銀行の支店長と親しくしていれば「顔パス」でお金を借りられる時代ではなくなったわけですが、これもパソコン会計を前提にした変化のひとつと見ることもできるでしょう。

さらに平成一五年（二〇〇三年）には、企業会計を監査するシステムがＩＴ化されました。それを受けたかのように、平成一六年（二〇〇四年）には税務の電子申告がスタート。この時点で、帳簿の作成に始まり、巡回監査を経て、税務申告で終わるという一連の流れが、「入口」から「出口」まですべて電子化されたわけです。

その流れを受けて平成一七年（二〇〇五年）に成立したのが、前章で紹介した会社法でした。これによって中小企業も、商法で定められた年に一回の決算書だけでなく、「適時に、正確な会計帳簿を作成」することになったのですが、これもＩＴ化によってそれが可能になったからこその規定です。電子申告の実施によって、みんながパソコンを使用していることが確認できたので、「適時性」を求めることになったのでしょう。

それから四年後の平成二一年（二〇〇九年）には、これも前章で紹介した「記帳適時性証明書」を発行できるシステムができあがりました。社会全体がＩＴ化を進める中で、企業経営における会計の重要性が高まり、それに伴って税理士が本来の役目を果たす必要性も実は大きくなってきたのです。

「モラトリアム法」から「中小会計要領」へ

ところで前章では、平成二四年（二〇一二年）に発表された「中小会計要領」のことも紹介しました。これも、ＩＴ化の流れの中で生まれた環境変化のひとつです。この新たな指針を作る動きが起きたのは、平成二三年（二〇一一年）の東日本大震災がひとつのきっかけになったと言えるでしょう。

平成二一年（二〇〇九年）に、当時の民主党政権は目玉政策のひとつとして「中小企業金融円滑化法」を成立させました。鳩山由紀夫内閣で金融担当の内閣府特命担当大臣だった亀井静香氏の名前を取って「亀井モラトリアム」とも呼ばれた法律です。

モラトリアムとは、借入金の「返済猶予」のこと。二〇〇八年のリーマン・ショック後、金融機関のいわゆる「貸し剝《は》がし」を受けて、多くの中小企業が倒産の危機に喘いでいました。それを支援するために、金利の返済さえしていれば元本の返済を猶予することを認めたのが、このモラトリアム法です。

国会審議では当時野党の自民・公明両党が激しく反発し、民主党政権では初の強行採決となったので、覚えている人も多いでしょう。最終的には、三年間の時限立法として成立しました。

その成立から二年後に、東日本大震災が発生します。その影響もあって翌年の平成二四年（二〇一二年）に民主党政権が倒れ、再び政権交代が起こりました。第二次安倍内閣の誕生です。

そこで議論されたのが、モラトリアム法の再延長問題でした。与党内でも賛否両論がありましたが、最終的には再延長はしないこととなり、モラトリアム法は終了します。

しかし、それでは中小企業が救われません。そこで、新たに中小企業の会計基準を設け、それに基づく決算書を出している会社にはモラトリアム法と同じように金融機関が融資をすることになりました。返済の猶予を受けるためにクリアすべきハードルを設定したわけです。それが、**中小会計要領**でした。

中小会計要領とは、簡単に言うと、税務署、金融機関、経営者などが見る**決算書のルールをひとつに統一**しようというものです。決算書は税法に基づいて作られますが、税務署はそれで問題ないとしても、金融機関が融資の査定をするときには独自の基準があるので、そのままでは使えません。したがって金融機関では、税務申告に使う決算書を計算し直して、実際の損益などを見極めていたわけです。

一方、経営者も自社の状態を知るために、決算書によらず独自のデータ処理を施した書面などに基づいて判断を下していました。取引先の経営状態を判断するときも、データバンクなどから入手した資料や、業界から仕入れた情報などを使います。いわば、税務署、金融機関、経営者、取引先などの関係者が、それぞれ別々の「辞書」を使っていたようなものです。

しかし中小会計要領に基づく決算書を作成すれば、「辞書」がひとつに統一されます。これまでは、金融機関だけを取っても、それぞれが独自の計算方法によって融資の査定を行っていました。そのため、同じ会社が同じ決算書を提出しても、金融機関によって判断が大きく異なることもあったでしょう。金融機関によって融資基準が異なるのは当然とはいえ、判断基準がわからなければ、企業側は自分たちがなぜ融資を受けられなかったのかがよくわかりません。それがわからなければ、「ではどうすればお金を借りられるようになるのか」もわからないわけです。

しかし中小会計要領によってルールが一本化されれば、そういうことはなくなるでしょう。借りられると思っていたのに急に借りられなくなるとか、返済のタイミングが急に変わって突然「返してくれ」と言われるケースなどが減ることも期待されます。

また、中小会計要領によってルールがひとつになったことで、決算書はまさに会社の実力をそのまま示すものとなったと言えるでしょう。企業の価値の九九%が決算書に表れると言っても過言ではありません。金融機関や取引先など外部からの信用を得るための最大のツールが決算書になるのです。

その意味で、決算書は大きな広報力を持っているように私は感じます。企業は自社のブランドイメージを高めるために宣伝活動や広報活動を行いますが、会社の実力をそのまま示すものである以上、**決算書も強力な「ブランド」**と呼べるでしょう。世間的なブランドイメージが良くても、決算書に示された実力が低ければ真の信用は得られません。逆に、世間にはあまり知られていない会社でも、決算書というブランドの力が高ければ、金融機関や取引先からの強い信用を得ることができるのです。

「経営革新等支援機関」とは何か

さて、中小会計要領の登場で中小企業の支援策が終わったわけではありません。平成二四年に発表された中小会計要領を踏まえた上で、同じ年の八月に、ある法律が制定されました。

「**中小企業経営力強化支援法**」です。

その背景には、中小企業の経営をめぐる課題が多様化・複雑化しているという問題意識がありました。したがって、中小企業の経営を立て直すのは、経営者だけでは難しい。多様で複雑な課題を解決して、中小企業を活性化させるためには、専門性の高い支援者による助言が必要だ、という考え方です。

そこでこの法律では、中小企業に対して専門的な見地から支援事業を行う者を「**経営革新等支援機関**」として認定し、その取り組みに対して補助金などで支援する仕組みを作りました。経営革新等支援機関として認定されるのは、「税務、金融及び企業財務に関する専門的知識や支援に係る実務経験が一定レベル以上の個人、法人」など。大まかに言うと、これに該当するのは「金融機関」と「税理士事務所」の二系統です。

つまり、信用金庫や信用組合をはじめとする金融機関が資金調達力の強化を支援する一方で、税務や財務の面から税理士が経営助言をする。そういう中小企業への支援が、**国からの補助金などを使ってやれる**ようになったのです。

スタートから五年が経ってもあまり広く知られていないのが残念ですが、これは中小企業の経営者にとってありがたいのはもちろん、「テキトー」ではないまともな仕事を志向する税理士にとっても、大きなチャンスと言えるでしょう。

当初、日本税理士会連合会は税理士資格の所有者をすべて認定支援機関とするよう求めていました。しかし現実的に考えると、税理士なら誰でも「一定レベル以上」の実務経験に基づいて専門的な経営助言ができるとは思えません。

ここで少し、税理士業界の実情をお話ししておきましょう。

税理士資格には、自動車の運転免許のような「更新」がありません。「定年」制度もないので、いったん資格を取得してしまえば生きているかぎり税理士として仕事ができます。その結果、必然的に高齢化が進んできました。現在、税理士の平均年齢は六〇歳を超えています。

高齢化が進む要因としては、「税務署ＯＢ」の存在も見逃せません。一定の期間を超えて税務署等に勤務すると、税理士資格が与えられるのです。戦後、新しい申告納税制度が導入されたときに税理士資格も作られたのですが、当時は税理士の人数が足りなかったので、税務署ＯＢに資格を与えました。

いまでもその制度が残っており、税務署を定年退職した人たちが毎年税理士登録をします。彼らが税理士登録の枠を優先的に取るので、国家試験の合格者数はその残り。若い人たちの門戸が狭いのですから、税理士全体が高齢化するのは当然です。

先日、ある税理士の会合への出席を促すために面識のない同業者の方々に電話をかけまくったときも、この業界の高齢化を実感しました。

「妻が入院している」

「老老介護状態なので出席は無理」

「相続案件で引き回されているうちに、こっちの腰がやられた。いまは歩けない」

そんな欠席理由を口にする税理士が何人もいたのです。

人間は長年やってきた仕事のスタイルを簡単には変えられませんから、高齢の税理士ほどＩＴ化には対応しにくいでしょう。ＩＴを使えなければ、認定支援機関業務に適応することはできません。

また、高齢か否かにかかわらず、認定支援機関業務に適さない税理士は大勢います。経営助言が税理士の業務であることは、はっきりと法律で明文化されているわけではありません。しかし根拠となる法律はあります。前章でも触れた税理士法第一条です。

〈税理士は、税務に関する専門家として、独立した公正な立場において、申告納税制度の理念にそって、納税義務者の信頼にこたえ、租税に関する法令に規定された納税義務の適正な実現を図ることを使命とする。〉

ここにあるとおり、税理士は「税務の専門家」として納税義務の適正な実現を図らなければなりません。具体的には税金の計算をするわけですが、会社の決算書が黒字でなければ税金は計算できないでしょう。したがって、会社を黒字にしなければ税理士の仕事をまっとうできないわけです。だとすれば、会社を黒字に導くための経営助言は税理士にとって当然の業務だと解釈できるのです。

しかし、すべての税理士がこの解釈に賛同するわけではありません。税金を払わなくて済むよう、あえて赤字決算にすることをすすめるテキトー税理士などは、この解釈とは逆方向の「経営助言」をしているとも言えます。そのような税理士に、認定支援機関業務が務まるはずがありません。

そういう実情は政府当局もよくわかっています。ですから、すべての税理士が経営革新等支援機関として認定されることにはなりませんでした。認定を希望する個人や法人が、自ら申請する形になっています。現在では、実績もカウントされていますので、申請者全員が無条件で認定されるわけではありません。

国から補助金を受けて税理士の支援を受けられる

当初、この制度は中小企業二万社を支援することを目標にスタートしました（経営改善計画策定支援事業、通称四〇五事業）。しかし一年ではそれを達成できず、二年間の延長を行いましたが、それでもこれを利用する企業は一万四八五六社（二〇一七年一二月現在、累積）にとどまっています。

制度そのものの周知徹底がなされなかったこともありますが、これが思ったほど利用されなかった理由は、それだけではありません。いちばん大きなネックになったのは、「金融」と「財務」の二本立てにしたことです。

この制度は、金融機関と税理士事務所という二つの認定支援機関が揃わなければ利用できませんでした。しかし金融機関がからむと、お金を貸したり返したりという話になるので、どうしてもハードルが高くなってしまいます。たとえば、金融機関からの融資を受けずに無借金で経営している会社は、この制度を使えません。

とはいえ、一定の効果があったことは確認できました。利用者数は目標に届かなかったものの、この支援を受けた企業のほとんどが**「受けてよかった」との感想**を持ったのです。

そこで国は、この制度をもっと広く利用してもらうために制度の拡充を行いました。認定支援機関を利用する上で足かせになっている金融機関を外し、これまで二系統だった制度を税理士事務所の一系統だけでも使えるように新たな支援策を追加したのです(早期経営改善計画策定支援事業、通称プレ四〇五事業)。これによって、**無借金の企業**

を含めてすべての中小企業がこの制度を利用できるようになりました。平成二九年（二〇一七年）の五月からスタートしたこの制度を利用すれば、中小企業の経営者はより経営助言力を備えた税理士とタッグを組みやすくなるでしょう。

　前にもお話ししましたが、これまでは税理士の本来の業務を理解せず、「儲かって余裕ができたら雇いますよ」という経営者が少なからずいました。税理士が経営改善に役立つことを理解していたとしても、そのための費用負担を考えて二の足を踏んでしまう人はたくさんいたはずです。

　しかしこの認定支援機関制度を使えば、国から補助金をもらって税理士の経営助言を受けることができます。費用の一部は会社側の負担になりますが、これまでとは比較にならないほど**気楽に税理士事務所を使える**でしょう。

　この制度が広く定着すれば、日本の中小企業経営は大きく変わると思います。

　これまで日本では、経営計画を立ててその実現を図っていく中小企業などごく少数しかありませんでした。その体質を変え、自分たちの計画に沿って「宿題」をきちんと片づけていける仕組みを作るのが、この制度の眼目です。

前にもお話ししたとおり、経営改善は一朝一夕にはできません。会社の拠って立つ地盤を強いものにするには、それなりに年月がかかります。

しかし、中期的な計画に基づいて少しずつ会社の安定感が増していくことを実感する経営者が増えれば、税理士の仕事への理解も深まるでしょう。月次巡回監査をせず、経営助言もできないテキトー税理士は退場を迫られるはずです。

そうやって、まともに仕事をする税理士の割合が高まれば、その支援によって経営が改善される中小企業も増えていく。そのような好循環が起これば、日本の中小企業全体が元気を取り戻し、この国の経済そのものの足腰も強くなるのではないでしょうか。

なお、ここでご紹介したもののほかにも、国は中小企業支援政策として、いくつもの事業を行っています。平成二九年度の補正予算に盛り込まれ、実施が決定した事業の概要を本書巻末に付しましたので、ご参照ください。

八〇年代からの変化の本質が見えてきた

さて、ここで話を会計のＩＴ化に戻しましょう。

ＩＴ化による環境変化は、自計化、監査手法の変化、電子申告の実施、会社法の制定、中小会計要領、経営革新等支援機関、中小企業専用融資商品の登場といった流れで進んできました。しかし、これで終わったわけではありません。その本質が明らかになるのは、むしろこれからだと考えたほうがいいでしょう。

ちなみに東洋史観では、「甲子」の年から始まる干支の六〇年周期を、前半の三〇年と後半の三〇年で分ける考え方があるそうです。その考え方によれば、前半の三〇年では見えなかった時代の本質が、後半の三〇年で見えてくるとのこと。なぜそうなるのか詳しいことは知りませんが、その説が正しいとすれば、平成三〇年は六〇年周期の三五番目の年にあたりますから、もう本質が見えてくる頃合いでしょう。

その前半三〇年で起きたことを振り返ると、なるほど、当時はその本質がよく見えていなかったと思えることがあります。

一九八〇年代に、政治の世界で議論が紛糾した税制問題が二つありました。いわゆる国民総背番号制（グリーンカード制度）と、消費税（売上税）の導入です。

本人確認のために納税者番号を記載したカードを発行するというグリーンカード制度

は、昭和五五年（一九八〇年）に所得税法の一部を改正する法律が制定された際に、四年後の導入が決まりました。しかし、所得がガラス張りになることを嫌う勢力などから猛反対の声が上がり、いったん導入が延期されたのち、昭和六〇年（一九八五年）に廃止。税負担の公平性をもたらすという点で賛成する勢力もありましたが、所得を把握されることへの抵抗感がそれを上回ったわけです。

そのグリーンカード制度と並ぶ税制改革の柱だった消費税の導入は、まず大平正芳内閣時代の昭和五四年（一九七九年）に「一般消費税」の名で閣議決定されました。しかし世論の反対が強く、総選挙中に導入断念を表明。それでも自民党は有権者の支持を得られず、大きく議席を減らしました。

その八年後の昭和六二年（一九八七年）、こんどは中曽根康弘内閣が「売上税」法案を国会に提出します。しかし地方選挙で自民党が当時の社会党に惨敗したことで、廃案にせざるを得ませんでした。

ようやく三％の消費税を導入する法案が成立したのは、昭和六三年（一九八八年）の竹下登内閣時代です。ただしその後、竹下首相はリクルート事件で退陣。翌年の参議院選挙では「おたかさん」こと土井たか子委員長の率いる社会党が大量の女性候補を立てて「マドンナ旋風」を巻き起こし、参院で与野党が逆転するほどの大勝を収めました。このときは宇野宗佑首相の女性スキャンダルもありましたが、導入の決まった消費税に対する反発も選挙結果を大きく左右しています。

このように、八〇年代の日本では税制改革の動きがことごとく世論の反発を受けました。しかしそれから三〇年が過ぎ、国民総背番号制はマイナンバー制度の導入によって実現しています。消費税も、平成九年（一九九七年）に五％、平成二六年（二〇一四年）には八％に税率が上がりました。いずれもそれなりに反発はあるものの、八〇年代のような大騒ぎにはなりません。

これは、制度の本質がようやく見えてきたからだろうと私は思います。本質が見えなかった時代はネガティブな面ばかり強調されがちですが、それが見えてくると受け入れやすくなるのではないでしょうか。

「フィンテック」が実現するリアルタイム会計

では、その本質とは何なのか。私はこの流れが、この章で述べてきたＩＴ化と軌を一にするものだと見ています。

パソコンが普及し、会計ソフトが一般的に広まりだしたのは、ちょうど消費税の導入で八〇年代の税制改革が一段落した頃でした。これは、ある意味で時代の必然だったのではないでしょうか。

というのも、消費税を含めた帳簿の計算は、仮払いや仮受け、税抜き価格や税込み価格など、さまざまな要素が入り込むので、きわめて複雑です。手書きの帳簿で正確かつ迅速に処理するのは難しい。パソコンの会計ソフトがなければ成立しなかったのが、消費税という制度なのです。

もちろん、パソコン会計は消費税計算を便利にしただけではありません。その普及があったからこそ、監査システムのＩＴ化や電子申告が始まり、「適時性」を求める会社法の制定などにいたったわけです。

そういったＩＴ化の流れは、ごく最近になって、「**フィンテック**」と呼ばれる技術にたどり着きました。アメリカでは二〇一〇年代の初頭から、この言葉が使われるようになっています。日本で広まり始めたのは、マイナンバー制度が成立した直後ぐらいからでしょうか。

フィンテックとは「ファイナンス（Finance）」と「テクノロジー（Technology）」を組み合わせた造語で、ITを使った新しい金融サービスを意味します。身近なところでいちばんわかりやすいフィンテックの例は、スマートフォンなどのモバイルによるクレジット決済でしょう。これまでは専用のカード決済機を店頭に設置し、それを電話回線などにつないで決済していましたが、モバイル決済では携帯電話の電波を使ってクレジットカードの支払いができるようになりました。

また、自動的に家計簿を作成できる「クラウド家計簿」もフィンテックの一例です。ネット上にあるクレジットカードや電子マネーの利用記録をまとめて家計簿をつけてくれるので、レシートを集めて手書きする必要がありません。

当然ながら、この技術は会社の会計システムも大きく変えようとしています。クラウド家計簿のユーザーと同様、会社も銀行や信販会社から送られてくるデータを使って、自動的に帳簿を作れるようになりました。

さらに私の事務所も所属しているＴＫＣグループでは、そのシステムの中に税務監査を入れる新しい仕組みを作っています（図8）。銀行や信販会社からのデータによって自動的に作られた帳簿のデータに対して、税理士事務所が監査を行ってから改竄できないようにロックをかける。それで終わりではありません。ロックをかけたデータを、月ごとに試算表にして、税理士事務所経由で金融機関に送るシステムになっています。

ここで大事なのは、全体のシステムがネットワーク上のものであっても、税理士の監査は会社の現場に足を運んで行われること。お金の動きの実態は、現場に行かなければわかりません。クライアントの顔を見ながら、帳簿上で購入したことになっている物品が本当に社内にあるかどうかといったことを確認した上で、それ以降は数字をいじることができないようにロックをかけるわけです。

いままで金融機関は、融資先の確定された財務状況を年に一度の決算時にしか把握できませんでした。しかしこのシステムを導入すれば、売掛金や買掛金の残高をはじめとする**帳簿上のあらゆる数字を毎月リアルタイムで知る**ことができます。

図8　フィンテックを利用した会計システム

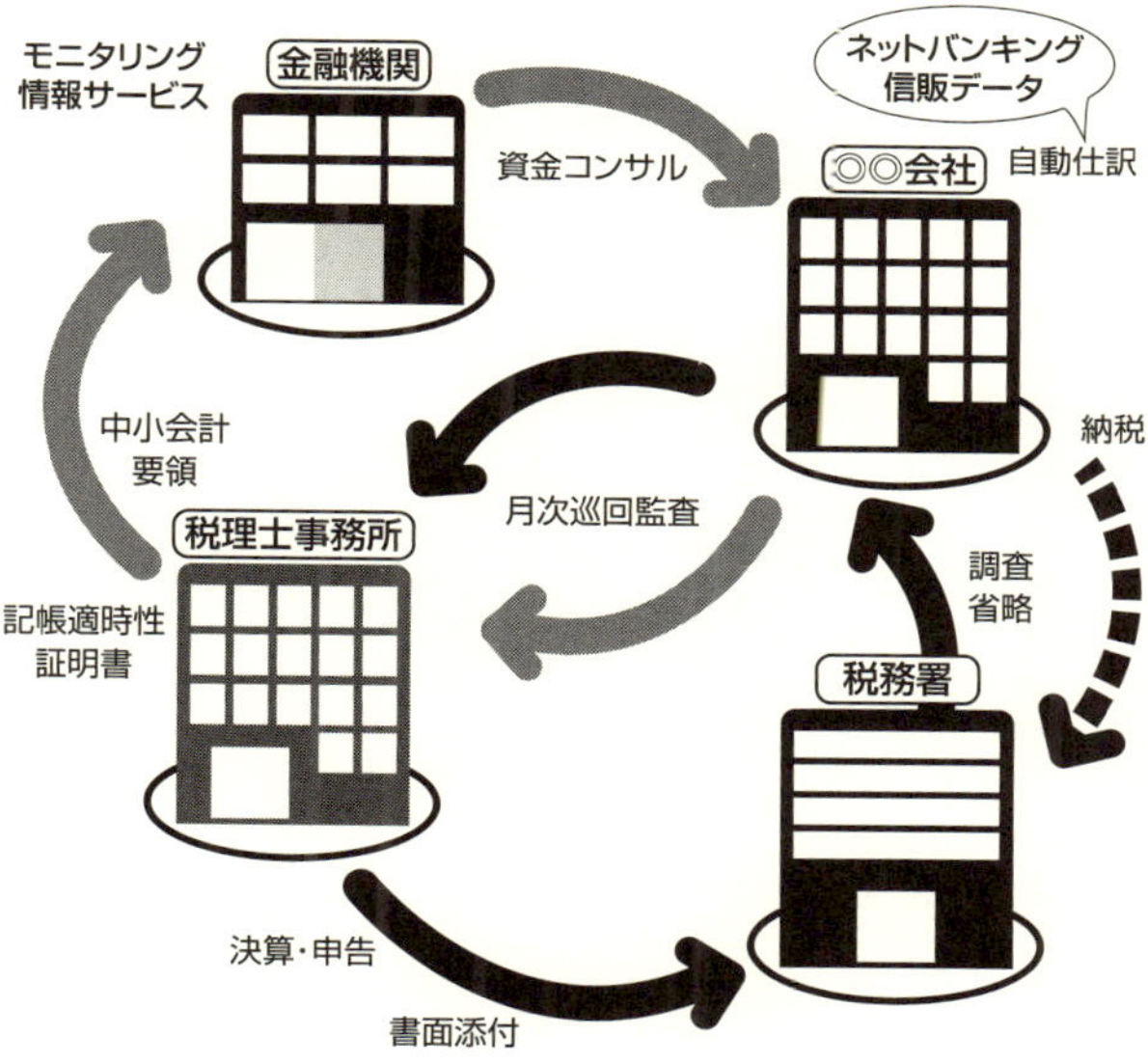

それを分析すれば、その会社の資金需要が何月に増えたり減ったりするのか、売上高がいちばん大きいのは何月なのか、といったことがわかるでしょう。判断材料が格段に増えるので、金融機関はこれまでよりもはるかにきめ細かい対応を、中小企業にほどこすことができるようになるのです。それこそ、中小企業の認定支援機関になる信用金庫などは、これによってクライアントの資金調達力の強化を図れるようになります。

会計を武器に経営を考えられる時代

ここまでお話しすれば、会計のＩＴ化も国民総背番号制と軌を一にして進化したものであることがわかってもらえたでしょう。その本質が見えなかった時代には、所得がガラス張りになることを嫌った人々によって、グリーンカード制度の導入が見送られました。実現したマイナンバー制度にも、同じ懸念を抱く人はいます。

会計監査を経たデータをリアルタイムで金融機関に送るシステムも、いわば会社の財務状況を裸で見せるようなものですから、警戒心や抵抗感を抱く経営者もいるに違いありません。

しかし、過去三〇年間で起きてきたことを振り返ればわかるように、時代は地下でマグマが動くように確実に変化してきました。いまは、それがマイナンバー制度やフィンテックのような形で顕在化しています。この流れに逆らうのは、環境変化から取り残されることを意味するでしょう。これからの三〇年を見据えて生き残ろうとするならば、悪あがきすることなく、この変化を受け入れなければいけません。変化を先取りした企業が有利になります。

この三〇年間、社会のＩＴ化は事あるごとに「抵抗勢力」を生じさせてきました。オフィスにパソコンが導入されたときには、キーボード入力を嫌って、書類の「手書き」にこだわる人たちがどの会社にもいたでしょう。電子メールが普及し始めても、「ちゃんと声を聞かないとまともなコミュニケーションにならない」などと言って、電話しか使おうとしない人がいました。

でも、おそらく電話が普及したときには「ちゃんと手紙を書かないとダメだ」と抵抗する人がいたことでしょう。最近はスマートフォンを毛嫌いして、「いまの若い連中はパソコンの使い方を知らない」と文句をつける人もいます。結局、何だかんだ言いながらも、次世代のテクノロジーが登場したときには、ひとつ前のテクノロジーをみんなが受け入れているのです。そうしなければ、時代についていけません。

当然ながら、私たち税理士の仕事も時代の変化の影響を大きく受けてきました。パソコン会計が始まった頃にはデジタル化に抵抗した人がいましたし、経営革新等支援機関の申請をせず、企業の経営計画立案や経営助言などの業務に背を向けている人はいまでもたくさんいます。

しかし歴史の流れを見れば、**中小企業がＩＴを駆使して会計の面から会社を強くしていく時代**が来たのは明らかです。

ここで紹介したとおり、中小企業が税理士の支援を受けることに国が補助金を出す仕組みができあがり、会計をリアルタイムで把握して機敏に対応できるシステムも作られました。そこに関与しようとしない税理士はもちろん、会計の重要性を理解しようとしない経営者も、遅かれ早かれ退場を迫られるでしょう。

何が変化の本質かが見えなかった時代は、ゴールがどこにあるのかもわからないので、新しい動きを受け入れるのに戸惑いを感じたのも当然です。

しかし、先行き不明の時期はもう終わりました。中小企業を支えるための新しい体制は、すでに確固たるものとして整っています。処理が自動化され、制度も整いました。**会計を武器に経営を考えられる時代**がやってきました。安心してそれを利用することが、安定した会社の未来につながるのではないでしょうか。

第五章 会計で会社を強くする

会計で会社を強くする「経営会計」とは?

前章では、ＩＴ化に伴って中小企業の経営をサポートするための社会的な環境が整ってきたことをお話ししました。ここでは、あらためて税理士とクライアントの関係に目を向け、ＩＴ化が経営の現場にもたらすメリットについて考えてみましょう。

これまでは「会計」という言葉でまとめてお話ししてきましたが、税理士が扱う会計には、二つの種類があると考えたほうがわかりやすいかもしれません。それは、「**制度会計（財務会計）**」と「**経営会計（管理会計）**」です。後者は一般的に「管理会計」と呼ばれることが多いのですが、その本質をより明確にするために、ここでは「経営会計」と呼ぶことにしましょう。

制度会計とは、税務署に提出する書類を作成するための会計のこと。税務署だけでなく、株主や取引先などへの報告もその目的になります。公的な報告書ですから、その内容は各種の法律などで厳しく定められた規制にしたがわなければいけません。

それに対して、経営会計は税務署などの外部への報告書ではなく、経営者自身のために作成されます。企業内部の経営管理のために使われるもので、どこかに提出するわけではないので、法律などで定められた基準はありません。

したがって、制度会計と違い、経営会計には会社ごとの考え方やツールを導入する余地があります。一〇〇の会社があれば、一〇〇通りの経営会計があると言ってもいいでしょう。そこでは、たとえば次のような数字が把握できます。

・現時点での最新の全社業績
（当期比較、当月比較、指定期間比較、当期月平均比較、移動合計比較、当期比較〈前年同日〉、当月比較〈前年同日〉）
・売上高の変化要因の商品ごとの分析
・人件費、設備費などの固定費の変化
・目標利益の達成率と着地点予想
・限界利益率と経常利益率の推移
・部門別の業績管理

・資金実績と資金管理（五日報、六カ月報）
・得意先別与信管理
・業績評価マトリックス

いずれも、税務署に報告するような内容ではありませんが、経営者の意思決定や組織作りなどに役立つ情報です。制度会計だけでは、こうした経営に生かせる数字は把握できません。税理士が経営助言のために参考にするのも、もちろん経営会計のほうです。

経営会計は税理士の業務範囲外なので、テキトー税理士はそれをやりません。そのため、会計と言えば制度会計しか知らない経営者も多いと思います。しかし、経営会計なしでは、会社を黒字化するための知恵を帳簿から得ることは難しいでしょう。経験的に、会計という仕事全体のうち、制度会計の利用割合は二割程度にすぎません。八割は経営会計ですから、これをやらなければ生き残れるはずがないのです。

ちなみに、高度経済成長期の大企業も基本的には制度会計が中心でした。放っておいても物が売れる時代だったので、経営会計はさほど重要ではなかったのです。経理部のおもな仕事は節税対策であり、財務部は資金調達がその役目でした。

いまの中小企業は、そういう時代の大企業のやり方を模倣しているように見えます。小さい会社は経理部と財務部に分かれていないので、「会計」という大きな枠組みで、節税や資金調達をやればいいと思っている。しかし大企業のほうは、とっくの昔に制度会計中心の経理・財務から離れ、経営会計に重心を移しています。放っておいても会社が成長する時代は終わったので、**会計によって会社を強くするという考え方**が広まりました。これからは中小企業も、経営会計によって強くなった大企業のやり方を踏襲し、制度会計から経営会計へのシフトが求められるのです。

ＩＴ化で中小企業にも経営会計が可能に

ＩＴ化が進んだことで、その経営会計作りが効率的にやれるようになりました。私が用意した会計システムにデータを入力すれば、経営会計と制度会計の両方ができあがります。しかも「リアルタイム」の経営会計ができるようになったことで、経営者は時機を逃すことなく、タイムリーな業績管理を行えるようになりました。

リアルタイム会計の最大の特徴は、会計資料、会計記録、その他の証拠書類などをデータベース管理できる点です。もちろん、入力は社内でやらなければいけません。伝票を起こした証憑の番号、日付、取引先、内訳などを毎日データベース化する作業は、それなりに手間がかかります。でも、手書きで帳簿をつけていた時代とは比較にならないほど簡単ですし、短時間で済むでしょう。

IT化される前は、あらゆる会計情報が紙の書類にまとめられていました。それも「データベース」には違いありませんが、欲しい情報を検索できないので、ほとんど使い物になりません。最新の情報を使った業績管理など、まず不可能です。

その意味で、IT化によって経営会計が効率化されたというより、IT化以前は経営会計などできないに等しかったと言ったほうがいいでしょう。大企業はマンパワーがあるのでやれましたが、中小企業の場合はせいぜい経営者が自分用の管理表を作成して、経営判断の参考にするぐらいが関の山でした。

しかし、そもそも経営会計という発想自体を持たないテキトー税理士は、制度会計しか見ていません。つまり、経営者と税理士がそれぞれ別の土台で会社の現状を把握していたわけです。これでは経営者も、税理士や会計が自分にとって役に立つものだとは思えないでしょう。

それが、ＩＴによる会計システムの導入で激変しました。必要なときに必要な情報がすぐ手に入るようになりましたし、税理士も同じデータを共有しています。**本当に経営者にとって役に立つ経営会計が、ここで初めて実現した**と言えるでしょう。

税理士にとっては、クライアントの個性に合った会計システムの導入が最初の重要な仕事になりました。システムをその会社に最適な形にカスタマイズできるのは、ＩＴコンサルタントでも経営コンサルタントでもありません。税理士だけです。

導入時のシステム設計だけでなく、クライアントの事業規模や取引内容などに変化があれば、それに対応できるよう手を入れる必要も生じるでしょう。システムに不備があれば帳簿の内容もおかしくなるので、日常的なチェックも欠かせません。

したがって、ＩＴの知識を持ち合わせていない税理士に経営会計を扱えないのは明らかです。経営会計を扱えなければ、経営助言はできません。もはやＩＴなしの会計はあり得ませんし、ＩＴに通じていない税理士は「テキトー」な業務しかできないのです。

市販の会計ソフト、ここが問題

帳簿のＩＴ化というと、市販の会計ソフトを導入しただけで満足している経営者もいるでしょう。たしかに、どんな会計ソフトであれ、手書きよりは作業が効率化されるので、ＩＴの恩恵は受けられるとは言えるかもしれません。

しかし、市販の会計ソフトにはいくつか問題があります。まず、それは経営者の意思決定をサポートすることを前提にして設計されているとはかぎりません。実際は、多くのソフトが、単に経理事務を合理化することだけを目的に作られています。それでは、経営者のための経営会計にはなりません。

また、その会計ソフトが「コンピュータ会計法」に準拠しているかどうかも確認したほうがいいでしょう。この法律は、正式には「電子計算機を使用して作成する国税関係帳簿書類の保存方法等の特例に関する法律」といい、「電子帳簿保存法」とも呼ばれます。会計のＩＴ化に対応するために、平成一〇年（一九九八年）に成立しました。

いまは国税庁から、会計ソフトの使用に関するガイドラインも示されています。**法律に準拠していない会計ソフトを使った場合、申告が認められなくても文句は言えません。**

たとえ経済産業省が認可したソフトであっても、国税庁がそれを認めるとはかぎらないのです。スピード違反がすべて取り締まられるわけではないのと同様、法律に準拠しない会計ソフトの使用がすべて認められないわけではなく、実際はほとんどが黙認されている状況ではありますが、いつ問題が生じるかはわかりません。やはり、法律に準拠したものを使用すべきでしょう。

日本で市販されている会計ソフトは、残念ながらこの**法律に準拠していないものが多い**ようです。そういうソフトのいちばんの問題は、帳簿にロックをかけることができず、入力したデータを修正できてしまうことです。しかも、修正した痕跡も残らない。そんな会計ソフトでは、信用に値する帳簿は作成できません。

すでにお話ししたとおり、私たち税理士は、月次巡回監査を終えた時点で帳簿を締め切り、あとで改竄できないようにロックをかけます。これをやらなければ制度会計としても経営会計としても本当に意味のある帳簿にはなりません。追加や修正を禁じる会計システムを導入しなければ、会社を強くする会計にはならないということです。

会計システムでデータの追加や修正が禁じられていなくても、自制心があれば問題ないと思う人もいるでしょう。しかし、人の心はそれほど強くありません。出来心は、誰の心にも芽生えるものです。

かつて私のクライアントにも、期末に法人税の高さに気づき、「申告期限を過ぎてもかまわないから一年分の帳簿を入力し直してくれないか」と泣きついてきた経営者がいました。また、銀行から「税理士の指導を受けろ」と言われて紹介されてきた会社は、過去の帳簿をいくら計算し直しても数字が合いません。社長を問い詰めると、「粉飾しています」と白状しました。

このような振る舞いは、本人の心がけだけでは食い止められません。会計ソフトは、必ずコンピュータ会計法に準拠したものを使用してください。

ただ、追加や修正を禁じている会計ソフトを使っていたとしても、入力の際の不正や誤魔化しは止めることができないでしょう。それを避けるためには、やはり税理士による月次巡回監査を受け、記帳段階での間違いがないことを他人の目で確認した上で、帳簿を締め切るしかありません。ＩＴ化がもたらした経営会計の恩恵に浴するには、**正しい会計システムと、まともな税理士の存在**が不可欠なのです。

経営会計なら重要な数字が即座にわかる

私たち税理士は、クライアントの経営スタイルにふさわしい会計システムを設定し、自計化の指導を行った上で、毎月その帳簿を監査します。その会計データが経営判断の土台となるわけですが、リアルタイム会計を導入した場合、経営状態のチェックのために参考にできるのは月ごとの数字だけではありません。入力作業さえ毎日やっていれば、帳簿の数字は日々変化します。経営判断を見直すチャンスは、その気になれば毎日でも毎週でもやってくるわけです。

たとえば私は第二章で、会社を黒字化させるには自己資本比率を五〇%以上にすることが大事だという話をしました。自己資本比率はB／Sを見ればどんな会社でも計算できますが、経営者が「常に自己資本比率をチェックしたい」と考えるなら、経営会計の中にある、要約貸借対照表をまず見るとよいでしょう。

経営会計を使えば、自己資本比率を維持するために、どれくらいの利益をいつまでに出せばいいのかもわかるでしょう。その計画の進捗状況も、予定した数字と実際の利益を比較することで簡単に確認できます。

自己資本比率だけでなく、原価率、利益率、人件費の総額などの数字も、制度会計だけ見ていたのではわかりません。いちいち自分で数字を見ながら計算する必要がありますす。しかし経営会計なら、それを常に画面を見るだけで把握することができます。

両者を比較したのが図9です。

制度会計では「販売員給与」という項目（勘定科目）があります。販売員に支払う旅費なども含まれますが、これはいわゆる「人件費」です。ほかに、「役員報酬」「事務員給与」「従業員賞与」「法定福利費」「厚生費」も経営者の立場から見れば「人件費」です。制度会計だと、人件費がこのように何項目にも分散されて出てくるのですが、変動損益計算書と経営会計のシステムを使えば、「人件費」がひとつの項目になって出てきます。全体の売上げに占める人件費の割合はどのくらいとざっくり把握した上で、経営判断ができます。

このように、**自分にとって大事な数字をこまめにチェックし、いつでも経営方針を見直せる状態**は、経営者にとって安心感のある足場になるでしょう。中期的な計画をブレ

図9　経営会計と制度会計

経営会計の項目	制度会計の項目	制度会計の項目〈製造原価科目〉
変動費合計	・期首たな卸高 ・商品仕入高 ・仕入値引戻し高 ・他勘定振替高 ・期末たな卸高	・期末材料たな卸高 ・外注加工費 ・消耗品費 ・期首仕掛品たな卸高 ・期末仕掛品たな卸高 ・他勘定振替高 ・期首材料たな卸高 ・材料仕入高
人件費	・販売員給与 ・役員報酬 ・事務員給与 ・従業員賞与 ・法定福利費 ・厚生費	・賃金 ・賞与 ・雑給 ・法定福利費 ・厚生費 ・退職金
設備費	・減価償却費 ・リース料 ・地代家賃 ・修繕費 ・保険料	・減価償却費 ・リース料 ・修繕費 ・賃借料 ・保険料

イクダウンする形で当面の日常的な課題を持ち、それをクリアしていくことで、会社が未来に向かって前進しているというたしかな手応えを得ることができるのです。

いままで多くの中小企業は、そういう小さな手応えの積み重ねによるメリハリがなく、ただひたすら「売上げアップ」という漠然とした目標を掲げて日々を過ごしていました。中小企業経営者には強いハートの持ち主が多いので、それでも熱意を持って突き進もうとはします。しかし、**熱意だけで着実な結果を出すのは難しい**。情熱的に仕事に立ち向かう一方で、経営状態を冷静かつ論理的に把握することが求められます。

そのために必要なのが、具体的な計画にほかなりません。常に自分の立ち位置を確認しながら、時には軌道修正を行っていかなければ、売上げ至上主義の放漫経営にもなりかねません。その論理的な軌道修正のためのツールがＩＴを駆使したリアルタイム会計システムであり、手元に経営会計を置くことの意味もそこにあるのです。

経営者にもペースメーカーが必要

ただし、どんなに理想的な会計システムを構築できたとしても、経営者ひとりで冷静に状況判断をするのは難しいでしょう。たとえばマラソンでも、第三者的な視点を持ってクールに走るペースメーカーがいると、レースが落ち着きます。ランナーはそれぞれ途中経過タイムなどのデータを把握しているはずですが、ひとりでレース全体の状況を把握するのは容易ではありません。

それと同じように、経営者にも税理士という**ペースメーカーが必要**です。最低でも五年、長ければ一〇年以上もかかる中期計画は、まさにマラソンのようなもの。短距離走なら経営者の情熱だけで走りきれるかもしれませんが、長距離走はそうはいきません。

経営者の中には、税理士を何年か使っておおよそのパターンがわかると、あとは自分ひとりでもやれると思ってしまう人もいます。第二章で紹介したB社の経営者も、五年かけてそれなりに数字は良くなっていたので、私を解任したときには「あとは自分でやれる」という考えがあったのかもしれません。

そうやっていったん私のもとから離れた経営者は過去にもいましたが、不思議なもので、基本的なやり方はわかっているはずなのに、ひとりになると同じようにはできないようです。そのため、「やっぱりダメでした。また面倒をみてもらえませんか」と帰ってくる人は少なくありません。

こうした経営者と税理士の関係は、作家と編集者の関係にも似ているように思います。ネット上で個人が発信の場を持てるようになり、出版社を通さなくても作品を発表できるようになったことで、「もう編集者は要らない」という意見も散見されますが、作家のほうには「そんなことはない」と考える人が多いのではないでしょうか。

実際、私の知り合いが本を出したときも、「編集者がいなかったら、まだ一章も書けていなかったと思う」と言っていました。私も、作家ではありませんが、本書を含めて二冊の著書があるので、その気持ちはよくわかります。

才能のある人なら、一冊か二冊ぐらいは誰のアドバイスも受けずに良い作品が書けるかもしれません。しかし短距離走と長距離走の違いと同じで、長く作家として生きていこうと思ったら、ひとりでは限界があるでしょう。

これは作家にかぎりません。ミュージシャンなども、ひとりで作ったデモ作品が認められてデビューすることはよくありますが、その後は音楽プロデューサーから助言や新しい刺激などを受けながらやっていきます。

ですから中小企業の経営者も、自分ひとりで経営会計を手にできると思ってはいけません。能力に自信のある情熱的なカリスマ経営者ほど、社内ではいわゆる「裸の王様」になってしまい、周囲からクールなダメ出しを受けにくくなるものです。

しかし（社長に言われるまま赤字決算書を作るテキトー税理士は別として）まともな税理士は、月次巡回監査で経営者に「これは本当に経費ですか？」と聞くぐらいですから、決して「イエスマン」にはなりません。作家の原稿に厳しい意見を述べる編集者と同様、冷静に帳簿の数字を見ながら「ダメなものはダメ」と直言します。

経済が右肩上がりでどんどん成長していた時代なら、経営者の熱意と勢いだけでも会社を前進させることができたかもしれません。なにしろ高度成長期の日本は七割の会社が黒字だったのですから、作家で言えば「誰が何を書いても売れる」ような異常な時代だったとも言えるでしょう。

しかし逆に七割の会社が赤字で苦しむいまの時代に、昔のやり方は通用しません。一歩一歩、着実に会社を前に進めていくためには、リアルタイムの経営会計や税理士を積極的に使っていくべきなのです。

今後フィンテックの核になるのは、ＩＴのさらに先、ＡＩです。ＩＴはリアルタイム会計を実現しましたが、ＡＩがもたらすのは「オンタイム会計」です。

国も、来るＡＩ時代を見据えて、ＩＴ補助金などを設けて、中小企業のＩＴ化を完了させようとしています。

この波に乗ることは、企業生き残りの必須条件であり、同時に、企業を持続的に成長させていく大きなチャンスでもあります。

あなたの会社の黒字は社会全体の節税につながる

以上、本書では、変化の激しい経済環境の中で中小企業が赤字体質を脱し、潰れにくい強い会社になるための指針を示してきました。赤字の会社を病人にたとえるなら、**帳簿は健康診断書**であり、**経営会計は処方箋**のようなものです。

テキトー税理士に頼んで帳簿を操作し、あえて赤字決算にしている経営者は、いわば目先の享楽のために酒や煙草をふんだんに味わい、自分自身を病気に追い込んでいるようなものでしょう。そして、正しい経営会計と無縁なテキトー税理士は、それに対する処方箋を持ち合わせていません。

ここまでの私の話で、そのことはよくわかってもらえたと思います。いたずらな節税対策は、かえって会社にとって毒になる。いま本当に利益が出ずに赤字で苦しんでいる会社はもちろん、利益が出ているのにそれを使い切って赤字決算にしている会社も、健康を回復するには黒字を出すのが先決です。払うべき税金はしっかり払って、自己資本比率を高めることでしか、会社の体力は向上しません。

そもそも、法人税の支払いを「もったいない」と考える経営者は、人間としての器が小さすぎるのではないでしょうか。二〇万円や三〇万円の税金をケチったところで、そこから得られる個人的な喜びや幸福感などタカが知れています。会社という存在の持つ社会性を考えれば、経営者はもっと大きな喜びを求めるべきではないでしょうか。

「おれもこれだけの税金を払えるようになった！」

そんな**タックスペイヤーとしての誇り**を心に抱いてほしいと思います。

会社は単なる経営者個人の所有物にとどまるものではありません。地域社会の一員でもあります。しっかりと利益を出して税金を納めれば、地域社会の発展に貢献することになりますし、地域の発展は会社のさらなる成長にもつながるでしょう。また、常に黒字を出す強い会社が地域にたくさんあれば、雇用も生まれます。

そうやって、みんなが安心して暮らせる社会を民間の力で作ることができれば、国や自治体など行政の役割は相対的に小さくなるでしょう。

民間に元気がないと、社会全体の経済力を維持するために行政が補助金などで支えなければなりません。そういうお金の出所は、言うまでもなく税金です。つまり、行政の役割が小さくなれば、必要な税収も少なくなる。民間企業が元気を取り戻して強くなれば、社会全体の「節税」になるわけです。個人レベルのせせこましい節税とは比べものにならないほど大きなやり甲斐が、そこにはあるのではないでしょうか。

中小企業の発展が日本経済を支える

日本にはおよそ三八二万の企業がありますが、そのうちの九九％以上は中小企業です。一社あたりの従業員数は大企業のほうが圧倒的に多いので、労働人口の割合を見れば大企業が三割程度になるでしょうが、社長の数は会社の数と同じ。つまり社長の九九％以上は中小企業の経営者ということです。

したがって、ある意味では、**中小企業の社長たちがこの国の経済を下から支える**役割を担っているとも言えるでしょう。その社長たちがチマチマとした節税に走っているようでは、国の経済が立ち行くとは思えません。

前にもお話ししましたが、いま、日本の大企業は先行投資を躊躇して、内部留保を貯め込むしかない状態になっています。経済全体を活性化させる役割を果たせていません。組織が大きすぎて身動きが取りにくくなっているため、分社化を進めてリスクを分散させる流れも強まってきました。いわば「大企業の中小企業化」が進行しているとも言えるでしょう。

その意味でも、これからは**中小企業の時代**になるのだと思います。多くの中小企業経営者たちが、本書で述べてきたように戦略的に会計を生かすことによって黒字体質を身につけていけば、日本という国全体が誰にとっても安心して暮らせるものになるに違いありません。

また、会社の発展は社会全体の繁栄に貢献するだけでなく、経営者個人も大きく成長させます。これは言葉ではうまく表現できないのですが、**分厚い自己資本を持つ安定した黒字会社の経営者には、ある種の風格のようなものがある**のです。

それは、メディアでもてはやされる大企業やベンチャー企業の経営者たちが放つ派手な印象とはまったく違います。見た目は地味な雰囲気でも、内面から滲《にじ》み出る自信によって、どっしりとした安定感が漂っている。おそらく、家族や従業員の暮らしを豊かにし、さらには社会にも貢献しているという手応えが、自分自身の人間的な豊かさにつながっているのでしょう。やはり、そういう社会性を持ちながら会社を育てることが、経営者のあるべき姿なのだと思います。

付録1　事業承継・世代交代集中支援事業

平成29年度補正予算額 50.0億円

事業の内容

事業目的・概要

●地域の雇用を支える中小企業・小規模事業者の経営者の高齢化が進展し、今後10年の間に、70歳（平均引退年齢）を超える中小企業・小規模事業者の経営者は約245万人となる一方で、そのうち約半数は後継者未定の状態です。

●現状を放置すると、中小企業・小規模事業者の廃業が急増し、多数の雇用・経済価値を喪失することになることから、中小企業経営者の円滑な世代交代・事業承継に向けて、承継の準備段階から承継後まで切れ目のない支援を集中的に実施します。

●具体的には、中小企業・小規模事業者の収益力の向上と地域に根付いた価値ある事業の次世代への承継のため、事業承継ネットワークを構築することによる支援専門家へのアクセス環境整備、事業承継・世代交代を契機とした経営革新や事業転換を図る取組を支援します。

成果目標

●休廃業リスクの高い事業者に対する的確な事業承継支援の実施を目指します。

●補助事業者の事業計画達成率を80%以上とすることを目指します。

条件（対象者、対象行為、補助率等）

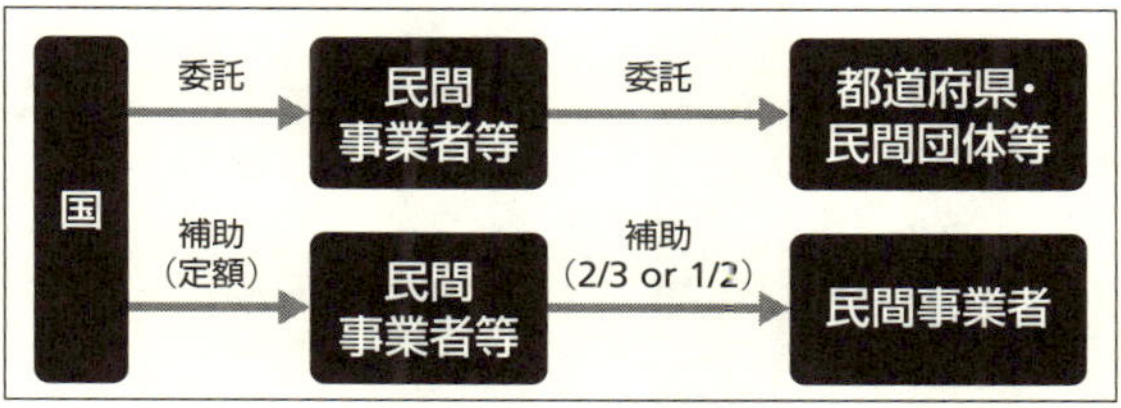

出典：中小企業庁

付録2　認定支援機関による経営改善計画策定支援事業

平成29年度補正予算額 30.0億円

事業の内容

事業目的・概要

●経営改善の取組を必要とする中小企業者に対して、認定支援機関の助力を得て行う経営改善計画の策定を支援することにより、引き続き、中小企業者の経営改善・生産性向上の取組を促進します。

①経営改善計画策定支援

借入金の返済負担等の財務上の問題を抱え、金融支援を含む本格的な経営改善を必要とする中小企業者に対して、認定支援機関の助力を得て行う経営改善計画の策定を支援します。

②早期経営改善計画策定支援

資金繰り管理や採算管理など、基本的な内容の経営改善の取組を必要とする中小企業者に対して、早期段階において認定支援機関の助力を得て行う簡易な経営改善計画の策定を支援します。

成果目標

●経営改善計画の策定及び計画の実行を通じて、中小企業者が金融機関等の支援の下で行う経営改善・生産性向上の取組を促進します。

条件（対象者、対象行為、補助率等）

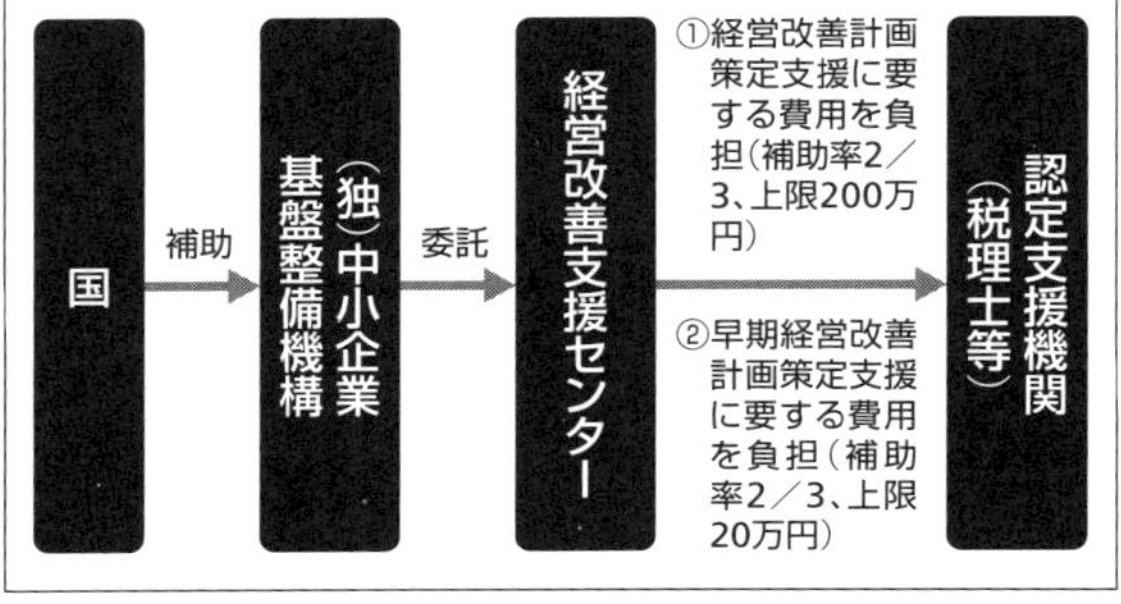

出典：中小企業庁

付録3　サービス等生産性向上IT導入支援事業費

平成29年度補正予算額 500.0億円

事業の内容

事業目的・概要

●足腰の強い経済を構築するためには、日本経済の屋台骨である中小企業・小規模事業者の生産性の向上を図ることが必要です。特に、我が国GDP及び地域経済の就業者の約7割を占めるサービス産業(卸小売、飲食、宿泊、運輸、医療、介護、保育等)等の生産性の底上げが非常に重要です。

●生産性向上にはIT投資が有効ですが、①資金面、②ITリテラシー不足等により、浸透が遅れていると指摘されています。

●しかし、近年の技術進歩により、業種別の特性に応じた操作性・視認性・価格に優れたITツール(財務会計等の業務を抜本的に効率化するツールや、飲食業や小売業が直面する税率を含む会計処理の対応や商品管理などを効率的に行えるツール等)が登場し、様々な業種・業態における利用ポテンシャルが高まっています。

●こうしたITの導入支援にあたり、単なる導入支援のみではなく、IT事業者と中小企業・小規模事業者間の情報の非対称性を是正するため、セキュリティにも配慮したITツール及びその提供事業者の成果を公開し、IT事業者間の競争を促すとともに、効果の高いツールの見える化、ノウハウの集約と横展開を行うプラットフォームの構築を通じて、中小企業・小規模事業者によるIT投資を加速化させ、我が国全体の生産性向上を実現します。

成果目標

●本事業により、補助事業者の生産性を向上させ、サービス産業の生産性伸び率を2020年までに2.0%を実現することに貢献します。

条件(対象者、対象行為、補助率等)

出典：中小企業庁

付録4　ものづくり・商業・サービス経営力向上支援事業

平成29年度補正予算額 1000.0億円

事業の内容

事業目的・概要

●足腰の強い経済を構築するためには、日本経済の屋台骨である中小企業・小規模事業者の生産性向上を図ることが必要です。

●中小企業・小規模事業者が、認定支援機関と連携して、生産性向上に資する革新的サービス開発・試作品開発・生産プロセスの改善を行うための設備投資等を支援します。また、設備投資等とあわせて専門家に依頼する費用も支援します。

●2020年度までの集中投資期間中、生産性向上のための新たな設備投資を強力に後押しするため、自治体の自主性に配慮しつつ、固定資産税の負担減免のための措置を講じ、これに合わせて、本予算等による重点支援を行います（固定資産税ゼロの特例を措置した自治体において、当該特例措置の対象となる事業者について、その点も加味した優先採択を行います）。

成果目標

●事業終了後5年以内に事業化を達成した事業が半数を超えることを目指します。

条件（対象者、対象行為、補助率等）

●認定支援機関の全面バックアップを得た事業を行う中小企業・小規模事業者であり、以下の要件のいずれかに取り組むものであること。

●「中小サービス事業者の生産性向上のためのガイドライン」で示された方法で行う革新的なサービスの創出・サービス提供プロセスの改善であり、3～5年で、「付加価値額」年率3％及び「経常利益」年率1％の向上を達成できる計画であること。

●「中小ものづくり高度化法」に基づく特定ものづくり基盤技術を活用した革新的な試作品開発・生産プロセスの改善であり、3～5年で、「付加価値額」年率3％及び「経常利益」年率1％の向上を達成できる計画であること。

出典：中小企業庁

著者略歴

山下明宏《やましたあきひろ》

山下明宏税理士事務所所長。税理士。

一九六三年東京都生まれ。

TKC東京都心会所属、同会顧問。

中小企業の自計化の推進、税務調査省略、申告是認等、税理士の本来業務にとことんこだわる傍ら、「中小企業の発展こそが日本経済を支える」をモットーに、資金調達、認定支援機関としての経営助言など、通常の税理士業務にとどまらない精力的な活動を展開している。

著書に『テキトー税理士が会社を潰す』（幻冬舎メディアコンサルティング）がある。

幻冬舎新書 496

小さな会社を強くする会計力

二〇一八年三月三十日 第一刷発行

著者 山下明宏

発行人 見城徹

編集人 志儀保博

発行所 株式会社 幻冬舎
〒一五一-〇〇五一 東京都渋谷区千駄ヶ谷四-九-七
電話 〇三-五四一一-六二一一(編集)
〇三-五四一一-六二二二(営業)
振替 〇〇一二〇-八-七六七六四三

ブックデザイン 鈴木成一デザイン室

印刷・製本所 株式会社 光邦

GENTOSHA

検印廃止

万一、落丁乱丁のある場合は送料小社負担でお取替致します。小社宛にお送り下さい。本書の一部あるいは全部を無断で複写複製することは、法律で認められた場合を除き、著作権の侵害となります。定価はカバーに表示してあります。

©AKIHIRO YAMASHITA, GENTOSHA 2018
Printed in Japan ISBN978-4-344-98497-4 C0295
や-16-1

幻冬舎ホームページアドレス http://www.gentosha.co.jp/
*この本に関するご意見・ご感想をメールでお寄せいただく場合は、comment@gentosha.co.jp まで。

幻冬舎新書

岩月伸郎
生きる哲学 トヨタ生産方式
大野耐一さんに学んだこと

トヨタ生産方式は「人間尊重」という哲学から生み出された人生論でもある――。生みの親・大野耐一氏に仕えた著者が、好不況に左右されない普遍的経営論、人材育成論を交え、その真髄を語る。

小笹芳央
会社の品格

不祥事多発にともない、会社は「品格」を問われているが、会社を一番知っているのは「社員」だ。本書では、組織・上司・仕事・処遇という、社員の4視点から、企業体質を見抜く！

大久保伸隆
バイトを大事にする飲食店は必ず繁盛する
リピーター獲得論

飲食業界が採用不況の中、なぜ「塚田農場」にだけ人が集まるのか？　錦糸町店の店長として4年連続年商2億円を達成、客のリピート率6割の奇跡を作り出した若きカリスマのマネジメント論。

松本順市
「即戦力」に頼る会社は必ずダメになる

「即戦力急募」――こんな広告を出す会社は、業績もふるわず、社員の給料も低いまま！　気鋭の人事コンサルタントが、急成長企業に共通する「教え合い制度」の効用を伝授。成果主義に代わる新機軸がここに。

幻冬舎新書

深沢真太郎
数学的コミュニケーション入門
「なるほど」と言わせる数字・論理・話し方

仕事の成果を上げたいなら数学的に話しなさい！ 定量化、グラフ作成、プレゼンのシナリオづくりなど、「数字」と「論理」を戦略的に使った「数学的コミュニケーション」のノウハウをわかりやすく解説。

齋藤和紀
シンギュラリティ・ビジネス
AI時代に勝ち残る企業と人の条件

AIは間もなく人間の知性を超え、二〇四五年、科学技術の進化の速度が無限大になる「シンギュラリティ」が到来――既存技術が瞬時に非収益化し、人も仕事を奪われる時代のビジネスチャンスを読み解く。

足立照嘉
サイバー犯罪入門
国もマネーも乗っ取られる衝撃の現実

世界中の貧困層や若者を中心に、ハッカーは「ノーリスク・ハイリターン」の人気職種。さらに、犯罪組織やテロリストは、サイバー犯罪を収益事業化。今、〝隙だらけの日本市場〟が狙われている！

川上徹也
一言力《ひとことりょく》

「一言力」とは「短く本質をえぐる言葉で表現する能力」。「要約力」「断言力」「短答力」など「一言力」を構成する7つの能力からアプローチする実践的ノウハウで、一生の武器になる「一言力」が身につく一冊。